JN235527

highest

毎日の英文法
頭の中に「英語のパターン」をつくる

James M. Vardaman

朝日新聞出版

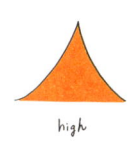

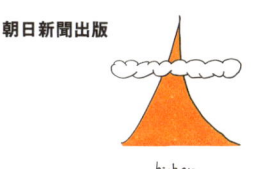

high　　higher

本書の Step2, Step3 の朗読音声 ♪) は、
下記 URL から自由にダウンロードできます。

https://publications.asahi.com/
ecs/detail/?item_id=14108

(または、「朝日新聞出版」の HP で
「毎日の英文法」を「検索」してください)

英文翻訳　長尾美佐子
編集協力　秋庭千恵
録音協力　英語教育協議会（ELEC）
　　　　　Josh　Keller
イラスト　齋藤太郎

毎日の英文法

頭の中に「英語のパターン」をつくる

もくじ

本書の効用 …………………………………………………………… 07

トレーニング・メニュー …………………………………………… 22

毎日のトレーニング ………………………………………………… 27

01	普段形・一般形（現在形）［I do］	28
02	Do…? を使った疑問文	30
03	be 動詞①［現在形 am, is, are］	32
04	be 動詞②［現在形 am, is, are］	34
05	be 動詞の疑問文	36
06	存在と位置を示す　There is/are….	38
07	it が指すもの	40
08	That is と This is の使い分け	42
09	「自分のものにする」have	44
10	現在進行形	46
11	普段形・一般形（現在形）と現在進行形の違い	48
12	過去形	50
13	過去形の疑問文と used to の使い方	52
14	過去進行形	54
15	will 今決めた未来	60
16	be going to すでに決めていた未来	62
17	will と be going to の使い分け	64
18	助動詞①　依頼で用いる can と could	66
19	助動詞②　may と might	68
20	助動詞③　should と must	70
21	助動詞④　便利な would	72
22	助動詞⑤　丁寧な shall	74

23	What で始まる疑問文	76
24	Why で始まる疑問文	78
25	Which で始まる疑問文	80
26	When や Where で始まる疑問文	82
27	How で始まる疑問文	84
28	Let's を使った提案	86
29	受け身の表現（受動態）	88
30	get の用法	90
31	所有を示す代名詞　my, mine	94
32	代名詞（再帰代名詞）　myself	96
33	many と much	102
34	とても便利な a lot of	104
35	some と any	106
36	plenty of, little と a little, few と a few	108
37	名詞の前の no と none of	110
38	each と every の違い	112
39	説明を加える関係詞	114
40	前置詞①　時間的位置を示す at	116
41	前置詞②　時間的位置を示す on と in	118
42	前置詞③　空間的位置を示す at	120
43	前置詞④　空間的位置を示す in と on	122
44	前置詞⑤　on time と in time	124
45	前置詞⑥　for, during, while の使い分け	126
46	前置詞⑦　交通の手段を示す by	128
47	前置詞⑧　手段を示す by と with	130
48	前置詞⑨　時間表現としての by と until の使い分け	132
49	前置詞⑩　動きを示す前置詞	134
50	前置詞⑪　紛らわしい例	136
51	形容詞 1 -ed で終わる形容詞と -ing で終わる形容詞	138
52	形容詞の比較級	140
53	3つ以上のものを比較する形容詞（最上級）	142
54	形容詞と副詞	144
55	「させる」という表現 let, make, have の使い分け	146

その他の時制表現 …………………………………………………………………… 149

01	現在完了形① ……………………………………………………………	150
02	現在完了形② ……………………………………………………………	151
03	現在完了形③ ……………………………………………………………	152
04	現在完了進行形　have +been+-ing ………………………………………	153
05	過去完了形　had + 動詞の過去分詞（do ならば done にあたる形）………	154
06	過去完了進行形　had+been+-ing …………………………………………	155
07	未来完了形　will+have+ 動詞の過去分詞 ………………………………	156
08	未来進行形　will+be+-ing …………………………………………………	157
09	未来完了進行形 have+been+-ing …………………………………………	158

毎日の急所

毎日の急所①	「今から」時間と「そのときから」時間 …………………	56
毎日の急所②	数えられる名詞と数えられない名詞 ………………………	92
毎日の急所③	冠詞の基礎 ……………………………………………………	98
毎日の急所④	主要不規則動詞 一覧 …………………………………………	148

本書の効用

たしかに、
語学の天才はいます

黄熱病や梅毒の研究で知られる細菌学者の野口英世博士は、知る人ぞ知る語学の達人でもあります。

野口英世24歳、はじめて渡米するために乗り込んだその船内で、彼はシェークスピアの『ヴェニスの商人』を一心に読んでいました。1900年(明治33年)のことです。
当時は、現在の日本とは比べ物にならないほど教材もネイティブスピーカーも少なく、乏しい語学学習環境にありました。日常会話のテキストも、お手本となる英語の音声もおいそれとは手に入りません。ただ、数は少ないにせよ、英語で書かれた医学書や英文書籍は日本でも入手できたはずです。にもかかわらず、野口青年が渡米に際して船内に持ち込んだのは英国文学の古典、シェークスピアだったのです。
米国生まれの私の立場に置き換えますと、現代日本に留学しようとするときに、村上春樹ではなく『源氏物語』を一心に読み込んでいるのと同じことです。
奥村鶴吉編による『野口英世』によると、渡米に同行した同僚に「何か現代のものを読んだほうがいいのではないか」と問われた野口青年は、「古くともシェークスピアの英文は、代表的なものです。先づ我々は、古いものを初めから読むほうがいいと思います」と言ったといいます。

野口英世24歳。英語圏に行ったことのない青年が、東北の山あいに位置する会津から上京してまだ数年、医術を志し、英語圏に乗り込んで医術を極めんとするときの言葉でした。

果たして彼は、渡米直後から英語の読み書きには全く苦労しなかったといいます。そして、米国人を感嘆せしめる論文を次々と著しました。

また、23歳の野口青年が渡米の前年に医師隊隊員として清国に渡った際は、清国に向かう船の中で中国語を勉強し、同行した誰よりも達者な中国語を操り官吏との交渉にあたったそうです。さらには、たった5カ月間の清国滞在中に、なんとロシア語も話せるようになっていたといいます。　　　　　　（参考：斎藤兆史『英語達人列伝』）

たしかに、世界には、このようなごくひと握りの語学の天才が存在します。しかし、私たち大多数の普通の人はそうはいきません。

格好良くて楽な語学習得の方法なんてありません

私は米国で生まれ、プリンストン神学校大学院入学後日本に興味を持ち始め、卒業後さらにハワイ大学で日本と日本語について勉強しました。ハワイ大学時代は毎日6時間の日本語学習を1年半ほど続けました。

そして「日本に行こう！」と決意し、27歳のときに訪日します。しかし、日本に来てみると、あれほど勉強したはずの日本語もさっぱり通じません。日本の皆さんが親切にお声をかけてくださる言葉もあまり理解できませんでした。

はじめは数年ほど仙台に住んでいたのですが、アパートの隣のおば

さんに「あんだしゃあ、どっからきたの」と聞かれ、「あんだしゃあ」がわからずに面食らってしまったことを覚えています（仙台地方の方言で「あなたは、どこから来たの」という意味でした）。

こんなことでは話になりませんから、「使える日本語」を身につけられるように力を注ぎました。

効果的だったのは、毎日の日常会話を収録したテキストをとことん学習することでした。

「丸の内ビルは、どこですか」
「昨日は、友達と居酒屋に行きました」

といった例文を覚えることで、1つ1つの文法（文型）を身につけていきました。

「例文を覚える」とひと言でいっても、そこには習得レベルにいくつかの段階があります。読んで意味がわかるだけでは習得したこと（使えること）にはなりません。

話せるようになるまでには、大まかにいって、次のような段階があります。

読んで意味がわかる
　　↓
聞いて意味がわかる
　　↓
自分で発音できる
　　↓
自分で暗唱できる
　　↓
同じ文型の文を、言葉を入れ換えて使える
　　↓
自分で発話できる

当時の私の日本語レベルは、現在の多くの日本人の英語力と同じように、「読むことはできる。録音したようなきれいな言葉なら聞き取ることができる」というレベルでした。

ではその改善のために何をしたか。
毎日2時間、来る日も来る日も日本語テキストの朗読音声を聞き、声に出してトレーニングをしていました。トレーニングには大学のLL教室を使いました。LL教室なら、OA機器が現在ほど発達していない当時でも、お手本の音声を、自分のタイミングで止めたり巻き戻したりして、自由に聞くことができたからです。
そのときの手順は以下のとおりです。

> **例文を朗読した音声を聞く**
> ↓
> **例文の意味を理解していることを確かめる**
> ↓
> **もう一度音声を聞く**
> ↓
> **例文に続いて、自分で発話する**

その際、テキストは見ません。できなかったら、できるようになるまで、繰り返し聞いて覚えます。完全に暗記したら、
「**宮城県は、どこですか**」
「**おとといは、先生と居酒屋に行きました**」
というように、自分で単語を入れ換えて練習します。

「2時間」とひと言でいうと簡単に聞こえますが、いくら外国語と

はいえ、こんな単純な例文をひたすら唱え続けることは大変に骨の折れる作業です。1つの文を音読するのに5秒もかかりませんから、2時間続けると相当な量になります。聞く時間などを割り引いても、1000回弱、繰り返しセンテンスを言い続けるわけです。

ところが、音読はつらいだけではありません。実は、不思議なことに、音読を続けると楽しい気持ちになってきます。東北大学の川島隆太教授の研究では、「音読を続けると脳の前頭前野が活性化する」というものがあります。脳科学的に見ても、音読はたくさん脳を使う「脳のエクササイズ」であるということもできるのです。

音読で脳の運動をすることによって、「ランナーズハイ」のような状態になるのでしょうか。

ともかく、実際に試していただければわかるのではないかと思いますが、はじめ苦痛でも、次第に気持ち良くなってくるのです。

私は、このトレーニングを約4年間続けました。

ただし、4年続けなければ結果が出ないわけではありません。このトレーニングを始めて3カ月くらいすると、みるみる効果が出てきました。**耳に、口に、脳に、**日本語が染み込んでくるのです。そして、語学を扱う脳の部位に、日本語の回路が作成される感覚を覚えます。脳の言語にまつわる領域が、「日本語対応」できるように変わったのです。耳の裏側あたりにある、言葉を理解するウェルニッケ野だけではなく、言葉を口に出すときに働くブローカ野、そして口や顎の筋肉を動かす部位、それらの言葉に関する領域が反復トレーニングによって手を結び、そのつながりが強化されていくのです。

一度その「回路」ができてしまえばしめたもの。最初は難しく感じたトレーニングでも、無理なくできるようになってきます。自らの好奇心の赴くままに、言葉のインプットとアウトプットができるようになっていくのです。

つまり、外国語でのコミュニケーションができる実感を得られるようになってきます。外国語でのコミュニケーションは、予想以上に楽しいものです。

> トレーニングする
> ↓
> コミュニケーションできる
> ↓
> もっとトレーニングする
> ↓
> **もっと深いコミュニケーションができる**

という、上達のスパイラルに入っていきます。

英語だって同じです

これは日本語学習だけにあてはまることではありません。英語学習だって同じです。
英文法や語法を、頭だけで理解する「スマートな勉強」をしても、使える英語は身につきません。
また、「ただ聞き流すだけ」「睡眠学習で英語を習得」……など、楽な方法で英語が自然にできるようになることも決してありません。

勉強ではなくトレーニング。

これが語学学習の大前提です。野球の理論だけ完璧にマスターしても、バットを振らなければボールには当たらないように、英語が読めるからといって口を動かすことをしなければ、ぜったいに話せるようにはなりません。

以前、全国トップの進学校の1つである筑波大学付属駒場中学・高校で、中学生クラスの英語の授業を見たことがあります。当時そこで行われていたのは、**「音読」と「暗唱」のトレーニング**でした。生徒が明朗に発音しながら先生のあとに続いて音読する光景は、さながら**運動部の基礎練習**のようです。授業の前半半分はそのトレーニング、後半は取り組んだテーマに関する英語での発表でした。中学生が、教科書のテーマについて、自分なりに英語で発表するのです。いくら優秀な生徒さんたちが集まっているとはいっても、授業を受けているのは本当は優秀な高校生ではないかと見紛うほど、英語も内容もすばらしい発表でした。

さすがは「筑駒」!　ともいえる反面、その「使える英語力」の大きな要因は、徹底した音読指導にあったのではないかと思います。つまり、優秀な頭脳が集まる学校でも、「語学は考えて勉強するものではなく、目も口も耳も使った反復トレーニングが一番の王道なのだ」という考えが徹底されていたということです。

ルールではなく、パターンを体で覚えよう

大学生を教えていて気がついたことですが、日本の英語学習者は、ルールだけを覚えてなんとか近道しようとしているように見えま

す。たしかに数学ならば、公理や定理、公式をきちんと理解していれば応用が利くでしょう。しかし、使える英語を身につけるためには、それは近道ではなく、遠回りになります。

子どもは、母親の言葉を何百回も聞き、だんだん言葉を理解していきます。そして、言葉の真似を繰り返すことでパターンを身につけます。「何が主語（S）で、何が動詞（V）で、何が目的語（O）か」などと考えながら覚えているわけではありません。

もちろん、「成人してからの語学学習も、赤ちゃんと同じ方法ですべし」といっているのではありません。「言葉を読む」際には、ある程度ルールを覚えたほうが助けになります。

しかし、英語を使おうとするとき、つまり英語を自ら発信しようとするときに役立つのは「ルールの知識」ではありません。何度もトレーニングを繰り返して体に覚え込ませた英語の基本センテンス、つまり**「英語のパターン」**なのです。それは、考えなくとも自然と口をついて出てくるほどに自分のものとなった「英語のパターン」です。

もっというと、様々なパターンを覚えれば文法のルールは勝手に身についてくるものです。もちろん、自分のものにしたパターンが多ければ多いほど、パターン同士を有機的に結びつけ、豊かな文脈を自らつくることができます。

第一、英語には、法律や科学や数学などとは違い、「論理的にきっちり割り切れる100％完全なルール」など存在しません。遠回りなようですが、センテンスごとのパターンで覚えることが、生きた言葉のネットワークを縦横につなげ、自分の脳内に**確固たる英語回路を構築すること**につながるのです。

繰り返しになりますが、「これまでの日本の英語学習者に絶対的に足りないもの」、それはアウトプットのトレーニングです。読むことだけでは使える英語は身につきません。

入れたものは出す。インプットしたら、アウトプットしなければなりません。

筆者が教える大学でも、「難解な英語を多く読むことを苦にしないが、簡単な英語の日常会話さえできない学生」で溢れています。

つまり、これまでの日本の英語学習は、あまりにもインプットに注力しすぎていて、出し入れのバランスが崩れている状態にあるのです。

野球でも水泳でもサッカーでも、スポーツ理論だけ学んでも実践トレーニングをしなければちっとも上達しないのと同じです。

それは、多くの学生だけなく、多くのビジネスマンにも共通していえることです。つまり、日本のこれまでの英語教育では、英語を話すためのトレーニング、つまり英語のアウトプット・トレーニングの機会が圧倒的に少なかったのです。

ですから、学校で真面目に英語学習に取り組み、難解な受験問題を解き、難関大学に入学する力があったとしても、実際にコミュニケーションを図るために最も重要な、自分の考えを英語で伝えることができないのです。

話せるようになるための英文法テキスト

本書の目的は、英語を使えるようになることです。つまり、自ら発話できるようになることです。本書はそのためのアウトプット・トレーニング専用の英文法テキストになっています。

テキストの特長は次の2点です。

本書の特長

① **話すために必要な
英文法の基礎が網羅されている**

② **英語ネイティブがリアルによく使う
フレーズだけでつくった**

本書の特長①
日本の英語教育で教えられている英文法は、膨大です。論理的に、精緻かつ詳細に、日本語で解説されていますが、英語ネイティブスピーカーの私から見ますと、残念ながら、コミュニケーションをとる上で必ずしも必要でない項目が、少なからず入っています。

たとえば、日本の学校では、次のような問題演習がされています。

▶ 次の英文を、受動態（受け身形）を使った文章に書き換えなさい。
My neighbor will take good care of my cat while I am away.
（私が留守の間、隣人が飼い猫の面倒を見てくれます）

いかがでしょうか。
正解は、Good care will be taken of my cat by my neighbor while I am away. ですが、**この英文は「文法的に正しくとも」ネイティブが使うことはありません。**

これは、受け身形の勉強をするための演習ですが、私から見ると全く意味をなしていないと思うのです。

また、「未来完了形」もネイティブはほとんど使いませんから、あまり重要な文法ではありません。頻出の文法をすっかりマスターしてから、自然と覚えていくべきもので、少なくとも簡単な日常会話もできない学習者が学ぶべきことではないのです。

冠詞も、はじめから全部覚えるのはばかばかしい話で、間違えやすいものから覚えて、何年かかってでも、最終的にすべて身につけるのが得策でしょう。それは学びの喜びにもつながります。

間違いのない文法で話せることが理想ですが、はじめから完璧を目指すのは無理ですし、その必要もありません。
少し考えてみると、正しい文法で話すことなど、たとえそれが母語であってもとても難しいことがわかるはずです。
読者の皆さんが、日本語で会話をするとき、会議やプレゼンテーションで発言するとき、それを録音して聞いてみると、いかにデタラメな文法で話しているかよくわかります。でも、正しい文法で話していなくとも、その場のコミュニケーションではきちんと意味は通じているでしょう。
母語でさえこうなのです。ましてや、英語は外国語なのですから、多少の文法の間違いなど、全く気にする必要などありません。
たとえば、"She speak a little English." は、3人称の主語に対して動詞 speak に -s がついていないので文法的に誤りであり、正しくは "She speaks a little English." ですが、"She speak a little English." でもちゃんと意味は通じます。

それよりも、「自分の言いたいこと」を持ち、その内容をいかに伝

えるか。そこに重きを置くべきです。
はじめから「未来完了進行形」が必要だ、とか、「仮定法」を使いたいから動詞を過去形にしなければならない、などと考えていては、いつまでたっても発話できるようにはなりません。
英語学習においては、完璧主義は捨てましょう。よくいわれることではありますが、間違いを恐れずに、とにかく口に出すことが大切。実践が一番です。

そのために必要な「話すための英文法」をまとめたものが本書のテキストです。
ただし、読んで理解するだけでは意味がありません。
「自ら口に出して暗唱できる」
「単語を入れ換えた文章が言える」
というレベルまでトレーニングすれば、必ず自分から英語の言葉が出せるようになります。

本書の特長②
本書のテキストは、「使える文法から優先して身につけること」を第一として作成しました。
せっかくトレーニングして身につけるのですから**すべて使えるもの**でなくてなりません。
他書の批判をすることは良いことではありませんが、多くの学生や学習者が使っているテキストを見ると、「たとえ文法的には正しくとも」、ネイティブも学習者も、おそらく一生使わないであろう例文がときどき見られます。時には、子どもっぽすぎる例文だったり、あるときには硬すぎる例文だったり、という具合です。
それを避けるため、本テキストは、ネイティブが普段使っているフレーズだけを厳選しています。日本滞在が長い筆者は、このテキストを作成するため、アメリカに帰省するたびに、日常場面でよく耳

にし、テキストになり得る表現を書き溜め、吟味した上で掲載しました。

ですから、本当に英語を使えるようになることが目的ならば、日本語で書かれた日本語の説明が長い英文書を全部覚えるのではなく、日常的によく使う、頻度の高いパターンをまとめた本書の英文を身につけることが一番の近道となる、と自信を持っていえるのです。

本書のテキストは
決して「簡単」ではありません

本書のテキストは、短文で、しかも難しい単語を使っていませんから、一見すると簡単すぎるように見えるかもしれません。

なぜそのような短文にしたのか？

その理由は、これまでにほとんどアウトプット・トレーニングをする機会がなかった日本の学習者にとって、長い英文を覚え、暗唱するのはとてもハードルが高いからです。

例文を聞いて、それを真似するように暗唱すること（リッスン＆リピート）がトレーニングの基本となりますが、たとえ簡単な例文でも、文章が長くなると、慣れていない学習者は、リピートできなくなってしまいます。

その点、本書の例文の長さであれば、英語のアウトプットに慣れていない学習者であっても、暗唱することが可能です。例文のほとんどは7ワード前後の単語でできているのですが、これはヒトの記憶が「7±2」の事柄ならスムーズに記憶できるようにできているからです（これを「マジックナンバー7」といいます）。

そうかといって、本テキストは決して「簡単」なわけではありません。

「わかること」と「使えること」は全く違うからです。
テキストをひと目読んで理解することはあたりまえ。繰り返しになりますが、本書の目的はそこにあるのではなく、テキストをすべて**「出し入れ可能」**なレベルまで身につけることにあるのです。

また、ただ闇雲に覚えるだけでなく、ひと目でその項目のポイントのイメージがわくように、要点の解説をなるべく簡略化して示しました（**英語を話すときに、英語の文法の説明など必要ない**ですから、ややこしい文法の理論や説明は省きました）。
皆さんのほとんどは言語学者になるわけではありませんから、すばらしい文法書にあるような説明を理解していなくても構いません。そこにあるのは、90％が日本語の情報です。
それよりも、簡単なイメージと一緒に、いつでも使える例文パターンを自分の中に持っていることが最も重要です。

1点加えるとすれば、「文法の知識」よりも大切なのは、なるべく幅広い単語を身につけることです。
知性は言葉に宿ります。
話は、言葉が豊富なほど面白くなります。本書で取り組む基本パターンを身につけ、**豊富な語彙と自分の考え**を持っていれば、内容ある会話ができるようになります。
2013年から、中学英語の学習指導要領が1200語になります。実はこの1200語ほどで、日常会話の80％の単語をカバーできているといいます。本書を手にしている皆さんは、おそらくそのくらいの語彙力はあることと思います。そこから先は、自分の興味がある分野や、自分の仕事に必要な単語をどんどん加えていけばいいのです。

本書をやると
できるようになるもの

本書をやり遂げれば、必ず会話の基礎ができます。
だまされたと思って、1冊分のトレーニングを続けてみてください。
驚くほどすんなりと英語の会話ができるようになると思います。皆さんは、アウトプットのトレーニングをしてこなかった（できていなかった）だけなのです。
さらに、本書の英語は「英会話の良質な部品」です。
トレーニングによって自由自在に部品を取り出せるようになれば、文章同士を有機的につなげて、より高度な発話ができるようになります。
繰り返します。
簡単すぎるとばかにせず、だまされたと思って続けてください。
ぜったいに英会話ができるようになります。

次に、本書でのトレーニングの方法（トレーニングメニュー）を詳しく記しました。わかっているとは思っても、必ず一度は目を通してください。上達のためのさらなるポイントが理解できると思います。

トレーニング・メニュー

Step 1 ポイントのイメージをつかむ

本テキストは全部で55項目あります。Step1では、それぞれの項目のポイントが簡潔に解説してあります。不必要な英文法の用語は使っていません。それよりも、図解や図式で、要点だけをイメージできるようにしてあります。
英語は文法用語を覚えても使えるようにはなりません。項目のポイントのイメージを大まかにつかみ、「英語のパターン」を身につけましょう。
頭で覚えるのではなく、トレーニングをしながら自然にイメージがわくようになることを目指しましょう。

Step 2 基礎トレーニング

①すべての文を読んで意味を理解する

意味がわからない英文を暗唱するよりも、意味がわかった英文を暗唱したほうが数段効果的です。ただし、日本語の意味を覚える必要はありません。右側のページに日本語の訳が掲載されていますが、あくまでも理解の補助として使ってください。
大切なことは、英語を英語のまま理解して、頭の中で文が意味することをイメージできるかどうかです。

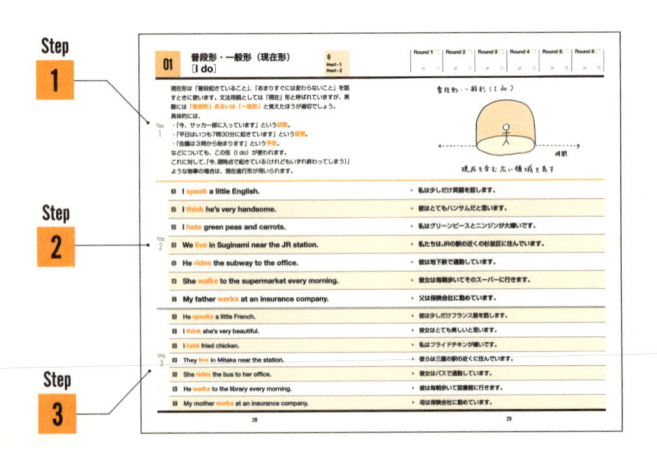

②音声を聞きながら、テキストを見て音読する（5回以上）

音声を聞きながら、その音声に自分の声をかぶせるように音読してください。テキストを見ながら音読しても構いません。Step2の英文をすべて通しで行います。

もし2、3回繰り返してもうまく音読できないセンテンスがあったら、そのセンテンスだけ繰り返し練習し、できるようになったら、再度通して音読しましょう。

5回が目安ですが、何度繰り返しても構いません。やればやった分だけ自分の力になります。

日本人でありながらネイティブと変わらない英語力を持っている方々に話を聞いてみると、その多くの方々がほぼ毎日、音読を続けているといいます。英語のプロである同時通訳者も、大事な通訳の仕事の前に、音読をしてウォーミングアップをする方が多いのです。

言葉は音です。音読は、一度に目も耳も口も使える、とても効率の良いトレーニングです。初心者でも上級者でも、音読は英語学習の王道なのです。

③音声を聞き、顔を上げ、テキストを見ないで暗誦する（5回以上）

1文ごとに音声を聞き、聞き終わったら顔を上げ、テキストから目線を切って、テキストを見ないで暗唱（レシテーション）しましょう。再生プレーヤーの一時停止ボタンを使い、1文ごとに行いましょう。

暗唱は、「文の意味」「単語の発音」「センテンスのイントネーション」とすべてマスターしていないとうまくできません。理解が不十分であったり、聞けない音があったり、テキストに頼っていたりしていると、途中でひっかかったり、発音をあいまいに誤魔化してしまう箇所があったりします。トレーニングは自分のためにやるものです。このトレーニングはあえて自分に厳しく行ってください。

完全に暗記できてはじめて OK です。妥協せず、できるまで繰り返し行ってください。

Step 3 入れ換えトレーニング

応用のトレーニングです。Step2の英文の単語を入れ替えて練習してみましょう。
主語を換えたり、時制を変えたりすると、動詞の形が変わる場合があります。単数形、複数形を変えると、センテンスの他の箇所が変わる場合もあります。自分でアレンジして自由に文をつくって音読してみることが理想ですが、そこまでの自信がない方は、Step3の英文で練習してみましょう。方法はStep2のトレーニングと同じです。①②③の手順を守ってやりましょう。
自分で自由にアレンジできる方は、音声を使わず、自分で発話の練習をしてください。これができるようになれば、自分で話すことでできるようになるまで、あと1歩です。Step2でしっかり「話すための英文法」が身についていますから、それを利用して、単語を自分の言葉に入れ換えるだけで、話せるようになります。

朗読音声について

本書のStep2、Step3の朗読音声は、下記URLから自由にダウンロードできます。

https://publications.asahi.com/ecs/detail/?item_id=14108

または、「朝日新聞出版」のHPで「毎日の英文法」で「検索」してください。

以上、Step1、Step2、Step3 がトレーニングのすべてです。
わずか７つの単語からできた７つのセンテンス（項目によって数は前後します）ですから、妥協せず、達成するまでトレーニングし、１項目ごとにしっかり自分のものにしてください。
そのための７ワード、７センテンスです。

また、テキストの右上には、日付を書き込めるスペース（Round1〜6）がついています。トレーニングをやりきった日付を記入しておきましょう。
それがあなたの「達成の記録」になります。何気ない記録だと思うかもしれませんが、この記録が、途中で投げ出しそうになったり、他の教材に浮気したくなったりする気持ちを戒め、自分を元気づけてくれます。
ぜひ自分だけの「毎日の英文法」を完成させてください。

55項目まで、ひと通り終わったら、もう一度「01」に戻って、２周目をはじめてください。項目をやり終えた直後は覚えていても、１周し終わるころには、必ず忘れている箇所、あいまいな箇所が出てきます。２周目をやってみると、そのことに気がつくでしょう。
２周目を終えたら、３周目もトレーニングしましょう。せっかく自分のものになりかかっている英語回路を、堅固で揺るぎないものに固められるかどうかは、２周、３周、としつこくトレーニングできるかどうかにかかっています。
４周目以降は、それぞれの習熟の度合いに合わせて行ってください。
「３周でもう完璧！」という方は、次の教材に移ってください。本書で、英会話のための「最良の部品」を手にしていますから、あとは文と文と有機的につなげて、より複雑な会話、深い内容を発話できるようにトレーニングすることです。
そのためには、自分の好きな分野の英語をどんどん読み、聞き、「こ

れぞ！」と思った英文を音読しましょう。要領は、本書のStep1、Step2、Step3と同じです。生の英語は手ごわいですから、はじめは、気に入った1センテンスからはじめてもかまいません。そうして、自分が面白いと思う英語、仕事で必要な英語を、自分の頭の中にどんどん集めることによって、魅力的な英会話ができるようになっていくのです。

「達成の記録」の欄は6周目まで用意しました。3周で自分にOKを出せなかったら、4周、5周、6周……と納得の行くまで続けてください。本テキストで行うトレーニングは、絶対に裏切りません。

英会話（語学）は、良質な教材を使って、繰り返しトレーニングすることが一番です。

何度も繰り返しになりますが、本テキストに無駄な英文は1文もありません。

だまされたと思ってやっていただければ、必ず、効果が出ます。

James M Vardaman

毎日のトレーニング

01 普段形・一般形（現在形）[I do]

Step2-1
Step3-2

現在形は「普段起きていること」、「あまりすぐには変わらないこと」を話すときに使います。文法用語としては「現在」形と呼ばれていますが、実際には「普段形」あるいは「一般形」と覚えたほうが適切でしょう。
具体的には、

Step 1
・「今、サッカー部に入っています」という状態。
・「平日はいつも7時30分に起きています」という習慣。
・「会議は3時から始まります」という予定。
などについても、この形（I do）が使われます。
これに対して、「今、現時点で起きている(けれどもいずれ終わってしまう)」ような物事の場合は、現在進行形が用いられます。

Step 2

1. I speak a little English.
2. I think he's very handsome.
3. I hate green peas and carrots.
4. We live in Suginami near the JR station.
5. He rides the subway to the office.
6. She walks to the supermarket every morning.
7. My father works at an insurance company.

Step 3

1. He speaks a little French.
2. I think she's very beautiful.
3. I hate fried chicken.
4. They live in Mitaka near the station.
5. She rides the bus to her office.
6. He walks to the library every morning.
7. My mother works at an insurance company.

Round 1 ☐	Round 2 ☐	Round 3 ☐	Round 4 ☐	Round 5 ☐	Round 6 ☐
月　　日	月　　日	月　　日	月　　日	月　　日	月　　日

普段形・一般形（I do）

←------------------　　　　時間------------------→

現在を含む広い領域を表す

- 私は少しだけ英語を話します。
- 彼はとてもハンサムだと思います。
- 私はグリーンピースとニンジンが大嫌いです。
- 私たちはJRの駅の近くの杉並区に住んでいます。
- 彼は地下鉄で通勤しています。
- 彼女は毎朝歩いてそのスーパーに行きます。
- 父は保険会社に勤めています。

- 彼は少しだけフランス語を話します。
- 彼女はとても美しいと思います。
- 私はフライドチキンが嫌いです。
- 彼らは三鷹の駅の近くに住んでいます。
- 彼女はバスで通勤しています。
- 彼は毎朝歩いて図書館に行きます。
- 母は保険会社に勤めています。

02 Do...? を使った疑問文

Step2 - 3
Step3 - 4

一般動詞を使った文章を、疑問文にする場合は、**主語の前にdoもしくはdoesをつけます**。主語が3人称の単数（he、she、itに置き換えられる主語）の場合だけ、doesを使います。
（be動詞を使った疑問文については、05で習得します）

Step 1

「何を？」「どのように？」「どこで？」などを尋ねたい場合は、doの前に聞きたい事柄の種類を示す言葉　What（何を？）、How（どのように?）、Where（どこで？）、Why（なぜ？）、Which（どちらを?）などをつけます。
これらは、質問するときに基本となる単語です。

Step 2

1. Do you enjoy rock 'n' roll?
2. Do your parents live near you?
3. Where does rubber come from?
4. What does "manga" mean?
5. How often do you travel on business?
6. How much does it cost to play golf?
7. What do you do?

Step 3

1. Do you speak English?
2. Do your parents both work?
3. Where does rugby come from?
4. What does "token" mean?
5. How often does she travel abroad?
6. How much does it cost to join?
7. What do you do during vacations?

Round 1 ☐	Round 2 ☐	Round 3 ☐	Round 4 ☐	Round 5 ☐	Round 6 ☐
月　　日	月　　日	月　　日	月　　日	月　　日	月　　日

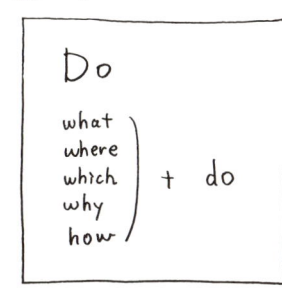

Do ...? を使った疑問文

$$\boxed{\begin{matrix}\text{Do}\\\left.\begin{matrix}\text{what}\\\text{where}\\\text{which}\\\text{why}\\\text{how}\end{matrix}\right\} + \text{do}\end{matrix}} \quad + \text{ 主語 } + \text{ 動詞 } ...\,?$$

- ロックンロールは好きですか？

- ご両親は近くにお住まいですか？

- ゴムの産地はどこですか？

- 「マンガ」とはどういう意味ですか？

- どのくらいの頻度で出張されているんですか？

- ゴルフをするのにいくらかかりますか？

- お仕事は何をされているのですか？

- 英語を話しますか？

- ご両親は共働きですか？

- ラグビーはどこの発祥ですか？

- 「トークン」とはどういう意味ですか？

- 彼女はどのくらいの頻度で海外に行っているんですか？

- 参加するのにいくらかかりますか？

- 休暇中は何をしますか？

03 be 動詞① ［現在形 am、is、are］

Step2 - 5
Step3 - 6

Step 1

「物事」や「人」について何か「情報」を与えるときには、be動詞を用います。
語順は下記のようになります。

「物事」−（be動詞）→「その物事の情報」
　主語　　　　動詞

注意してほしいのは、be動詞は主語の種類によって全く形を変えてしまうことです。
現在形の場合、
Iのときはam、Youのときはare、3人称のときはis、
人称にかかわらず複数の場合はare を使います。

Step 2

1. I am 35 years old.
2. I am really sleepy now.
3. My parents are teachers.
4. I am Japanese and I am from Sapporo.
5. The weather is cold and rainy.
6. I'm married and have two kids.
7. Attendance is optional.

Step 3

1. I'm 43 years old.
2. I'm really hungry now.
3. My parents are retired.
4. I'm Japanese and I'm from Osaka.
5. The weather is warm and sunny.
6. I'm single and live alone.
7. Attendance is required.

Round 1 ☐	Round 2 ☐	Round 3 ☐	Round 4 ☐	Round 5 ☐	Round 6 ☐
月　　日	月　　日	月　　日	月　　日	月　　日	月　　日

be動詞の使い方　その1

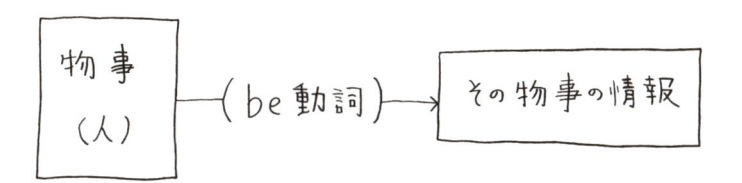

```
┌─────────┐                    ┌──────────────┐
│  物事   │ ─(be動詞)─→        │ その物事の情報 │
│  (人)   │                    │              │
└─────────┘                    └──────────────┘
```

- 私は35歳です。
- 今はすごく眠いんです。
- 両親は教師です。
- 私は日本人で出身は札幌です。
- 今日の天気は寒くて雨模様です。
- 私は結婚していて、子どもが2人います。
- 出席は任意です。

- 私は43歳です。
- 今はおなかがぺこぺこです。
- 両親は隠居暮らしです。
- 私は日本人で出身は大阪です。
- 今日の天気は暖かくて晴れています。
- 私は独身で一人暮らしをしています。
- 出席を要します。

04 be動詞② [現在形 am、is、are]

Step2-7
Step3-8

取り上げる物事（主語）＋主語に合った形のbe動詞＋主語についての情報（説明）、というのが「be動詞」を使う場合の基本的な形です。
情報の種類は問いません。
たとえば、人がどこに「いる」のか、物がどこに「ある」のか、という位置情報を伝える場合もbe動詞を用います。

Step 1

位置情報は、「位置関係を示す言葉（at、in、on、nearなどの「前置詞」）」＋「位置・場所を示す言葉（名詞・名詞句）」という２つの部分からなる言葉のまとまりで示します。日本語では「会社に（います）」というように位置・場所を示す言葉を先にいい、その次に位置関係を示す言葉（この場合は「に」）を続けますが、英語では at my office というように逆の順序になります。

Step 2

1. I am at my office now.
2. She is in her office today.
3. Mike is in France for a week.
4. You are in the first basement now.
5. We are now inside the main lobby.
6. They are at the stadium this afternoon.
7. The department store is near the subway.

Step 3

1. I am on the subway now.
2. He is in his office today.
3. Mike is in Spain for ten days.
4. You are on the second floor now.
5. We are now outside the main library.
6. They are at the coffee shop now.
7. The museum is near the subway.

be 動詞の使い方 その2

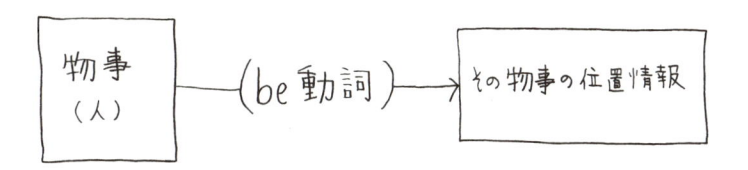

```
┌─────────┐
│  物事   │ ─── (be 動詞) ───▶ その物事の位置情報
│ (人)    │
└─────────┘
```

- 私は今、会社にいます。
- 彼女は今日、出勤しています。
- マイクは1週間フランスにいます。
- あなたが今いるのは地下1階です。
- 私たちが今いるのはメインロビーです。
- 彼らは今日の午後は球場にいます。
- そのデパートは地下鉄のそばにあります。

- 私は今、地下鉄に乗っています。
- 彼は今日、出勤しています。
- マイクは10日間スペインにいます。
- あなたが今いるのは2階です。
- 私たちが今いるのは図書館本館の外です。
- 彼らは今、喫茶店にいます。
- 博物館は地下鉄のそばにあります。

05 be動詞の疑問文

Step2-9
Step3-10

Step 1

be動詞を使った文章を疑問文にする場合は、順番を変えて**主語の前にbe動詞を出します**。be動詞の形は変えません。

Yes、Noだけでは答えられない疑問（何を、どうして、どこで、など）を尋ねる場合は、be動詞の前に聞きたいことがらの種類を示す言葉（5W1H: What、When、Who、Where、Why、How）をつけます。

be動詞の場合に限りませんが、疑問文には大きく分けて、Yes、Noで答えられる疑問文（Are you hungry?［おなかはすいていますか？］）と、Where is the bus terminal?（バスターミナルはどこですか？）というような、Yes、Noでは答えられない、何か具体的な情報（何を、どうして、どこで、なぜ、など）を問うような疑問文があります。

Step 2

1. **Are** you hungry?
2. A: **Are** you from the United States? B: No, we're [we are] from Canada.
3. A: **Is** this the bus to Coventry? B: Yes, it is.
4. **Is** it okay if I leave early?
5. What **are** your business hours?
6. Where **is** the bus terminal?
7. When **is** the next train?

Step 3

1. **Are** you worried?
2. A: **Are** you from China? B: No, I'm from Japan.
3. A: **Is** this the train to Los Angeles? B: Yes, it is.
4. **Is** it okay if I sit here?
5. What days **are** you open?
6. Where **is** the nearest bookstore?
7. When **is** the next flight?

be動詞の疑問文

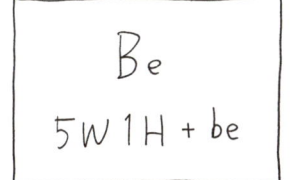

```
Be
5W1H + be
```
＋ 主語 ＋ 情報 …？

- おなかはすいていますか？
- A: 皆さんのご出身はアメリカですか？　B: いいえ、カナダです。
- A: このバスはコヴェントリー行きですか？　B: そうですよ。
- 早退してもいいですか？
- 営業時間は何時ですか？
- バスターミナルはどこですか？
- 次の電車は何時に来ますか？
- 心配ですか？
- A: ご出身は中国ですか？　B: いいえ、日本です。
- A: この電車はロサンゼルス行きですか？　B: はい、そうです。
- ここに座ってもいいですか？
- 営業しているのは何曜日ですか？
- 一番近い書店はどこですか？
- 次の便は何時ですか？

06 存在と位置を示す There is / are….

Step2-11
Step3-12

Step 1

話の中で、何かが（そこに）「**ある、いる**」という事実を伝えたい場合は、
There＋be動詞＋物・人
という語順で文をつくります。
しかし、ただ何かが「ある、いる」というだけではあまり意味をなしません。その後に「どこにある（いる）」のか、という位置情報をつけ加えます。
04で説明したように、位置情報は、「位置関係を示す言葉（at、in、on、nearなどの「前置詞」）」＋「位置・場所を示す言葉（名詞・名詞句）」という2つの部分からなる言葉のまとまりで示します。
また、疑問文の場合は、順番を変えてbe動詞をThereの前に出します。be動詞の形は変えません。

Step 2

1. **There is** a hospital on the main street.
2. **There is** a park along the riverbank.
3. **There's** nothing on TV tonight.
4. **There's** a clock on the wall.
5. **There are** many sights in Paris.
6. **There are** many convenience stores in Japan.
7. **There are** several bookshops down the street.

Step 3

1. **There is** a library on the main street.
2. **There is** a park along the river.
3. **There's** nothing in the newspaper.
4. **There's** a phone on the desk.
5. **There are** many sights in Rome.
6. **There are** many taxis in Japan.
7. **There are** several restaurants up the street.

Round 1 □	Round 2 □	Round 3 □	Round 4 □	Round 5 □	Round 6 □
月 日	月 日	月 日	月 日	月 日	月 日

「ある・ない / いる・いない」の表現

```
There + be動詞 + 物・人
```

- 大通りに病院があります。
- 川岸に公園があります。
- 今夜は見るべきテレビ番組がありません。
- 壁に時計がかかっています。
- パリには観光名所がたくさんあります。
- 日本にはコンビニがたくさんあります。
- その通りには書店がいくつかあります。

- 大通りに図書館があります。
- 川沿いに公園があります。
- 新聞に読むべきニュースがありません。
- 机の上に電話があります。
- ローマには観光名所がたくさんあります。
- 日本にはたくさんタクシーが走っています。
- この通りにはレストランがいくつかあります。

07 itが指すもの

))) Step2-13
Step3-14

Step 1

距離や時間、日付・曜日、天候や明暗、温度など、**物質としてとらえ難い概念や現象について述べるときは、it を主語**にして、It is ＋情報（説明）という形を用います。

It's impossible.（難しいです）、It's very hard.（きついです）のように、「ばくぜんとした様子」を受ける場合も、やはりit を用います。

また、I like it.のように、話し手同士の意識や、文脈の中で共有している意識を指す場合にもitを用います。

つまり、話していて「これは具体的に言わなくても、相手には（状況、文脈などから）何のことかわかるな」と思えるような場合には、itで済ませてしまうことがしばしばあります。

Step 2

1. **What time is it?**
2. **It's ten minutes past eleven.**
3. **What day is it?**
4. **It's Friday.**
5. **How far is it?**
6. **It's 2 kilometers from here.**
7. **It's raining.**

Step 3

1. **What time is it now?**
2. **It's twenty minutes past eleven.**
3. **What day is today?**
4. **It's Thursday.**
5. **How far is it from here?**
6. **It's 2 miles from here.**
7. **It's warm and sunny.**

Round 1 ☐	Round 2 ☐	Round 3 ☐	Round 4 ☐	Round 5 ☐	Round 6 ☐
月　　日	月　　日	月　　日	月　　日	月　　日	月　　日

it が指すもの

```
it = 状況の中で共有している意識
```

- **何時ですか？**
- **11時10分です。**
- **今日は何曜日ですか？**
- **金曜日です。**
- **どのくらいの距離がありますか？**
- **ここから2キロメートルです。**
- **雨が降っています。**

- **今、何時ですか？**
- **11時20分です。**
- **今日は何曜日ですか？**
- **今日は木曜日です。**
- **ここからどのくらいの距離がありますか？**
- **ここから2マイルです。**
- **今日は暖かくて晴れています。**

08 This isと That isの使い分け

Step2 - 15
Step3 - 16

対象とするものが、話す本人から離れたところにあればThat を用い、手元にあればThisを用います。

空間的な距離を指すだけではなく、時間的・心理的な距離を表すためにも用いられます。

Step 1
このThisとThatの使い分けは、日本語の「これ（この）」と「あれ（あの）」の使い分けと感覚的にもほぼひとしいと考えて良いでしょう。また、ThisとThatは単独でも主語となりますが（「これ」「あれ」）、後ろに名詞をつけてthis watch（この時計）、that tree（あの木）などと言い表すこともできます。

Step 2

1. **This is** your bill.
2. **This is** my passport.
3. **This is** just an estimate.
4. **This is** she/he.
5. **That is** my suitcase.
6. **That is** where I work.
7. **That's** not possible.

Step 3

1. **This isn't** your bill.
2. **This is** your receipt.
3. **This is** just a suggestion.
4. **This is** my reservation number.
5. **That isn't** my suitcase.
6. **That is** where my brother works.
7. **That's** possible.

Round 1 □	Round 2 □	Round 3 □	Round 4 □	Round 5 □	Round 6 □
月　日	月　日	月　日	月　日	月　日	月　日

this と that の使い分け

空間的・時間的・心理的な
距離が

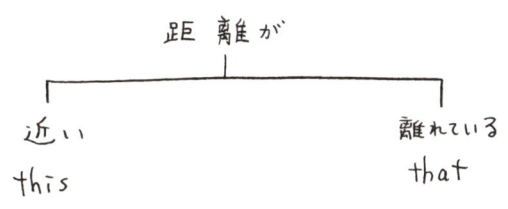

- 近い → this
- 離れている → that

- こちらがお勘定です。
- これは私のパスポートです。
- これは見積もりにすぎませんから。
- はい、私です。《電話で》
- あれは私のスーツケースです。
- あれが私の職場です。
- そんなこと、ありえない。

- こちらはお勘定ではありません。
- こちらがレシートです。
- これは提案にすぎませんから。
- これが私の予約番号です。
- あれは私のスーツケースではありません。
- あれが兄の職場です。
- それはありえます。

09 「自分のものにする」 have

Step2 - 17
Step3 - 18

haveは基本的には「(何かが) 話し手のものとなる、なっている」という意味で用いられますが、食べたり飲んだりなど、さまざまな行為や経験に対しても使われ、また、具体的な物体だけではなく、抽象的な事柄（思考や感情、状態）などに対しても広く用いられます。

Step 1
狭い意味での「所有」を示す場合は、I have got(I've got) ～と表現する場合もあります。
また、haveを使った慣用表現も覚えておきましょう。
Do you have the time?（何時ですか？）
Do you have time?（少しお時間よろしいですか？）
このように、the があるかないかで意味が変わることもあります。

Step 2

1. I **have** a cup of coffee every morning.
2. I **have** breakfast on my way to work.
3. I **have** a conversation with her every day.
4. I **have** a suggestion.
5. I**'ve got** a headache and a stomachache, too.
6. Do you **have** parcel delivery service?
7. I **don't have** time to study.

Step 3

1. I **have** a glass of milk every morning.
2. I **have** supper on my way home.
3. I **have** a conversation with her once a week.
4. I **have** a request.
5. I**'ve got** a bad toothache.
6. Do you **have** laundry service?
7. I **don't have** time to practice.

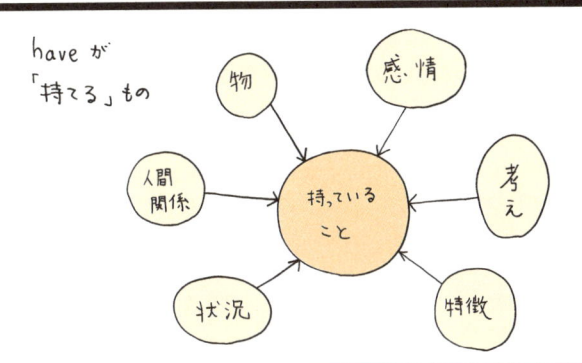

Round 1 □	Round 2 □	Round 3 □	Round 4 □	Round 5 □	Round 6 □
月　日	月　日	月　日	月　日	月　日	月　日

have が「持てる」もの

持っていること
- 物
- 感情
- 考え
- 特徴
- 状況
- 人間関係

- 私は毎朝、コーヒーを1杯飲みます。
- 出勤の途中で朝食をとります。
- 毎日彼女と話しています。
- 提案があります。
- 頭が痛くて、おなかも痛いんです。
- 荷物の配送サービスはしていますか？
- 勉強する時間がありません。

- 私は毎朝、牛乳を1杯飲みます。
- 帰宅する途中で夕食をとります。
- 週に一度、彼女と話しています。
- 頼みたいことがあります。
- 歯がすごく痛いんです。
- クリーニングのサービスはしていますか？
- 練習する時間がありません。

10 現在進行形

Step2 - 19
Step3 - 20

Step 1

現在進行形（am/is/are ＋ 動詞の現在分詞形[-ing形]）は、**「話している今、行われている」** あるいは **「話している今、まだ終わっていない」** 行為や出来事を表すのに用いられます。
また、「一時的な事柄、行為」であるという意味合いが強く、"I'm living at home, until I can afford to move out."（引っ越す余裕ができるまでは、今の家に住んでいる）などと用いられます。
逆に言えば、現在進行形を用いる場合には、話し手の側に「ともかく今は、今のうちは」という意識があると受け取られます。I live at...ではなく、I'm living at ...と言えば、相手は「ずっとそこに住む気はないんだな」と言外の意味を受け取ってしまいます。

Step 2

1. I am studying accounting at night school.
2. I am getting along all right.
3. I'm learning how to cook on Saturdays.
4. I'm looking forward to seeing you.
5. He is living in Madrid now.
6. We are planning our vacation in France.
7. What are you doing now?

Step 3

1. I am studying business at night school.
2. I am getting along okay.
3. I'm learning to paint on Saturdays.
4. I'm looking forward to meeting you.
5. He is living in a condo now.
6. We are planning our vacation in July.
7. What are you studying now?

Round 1 ☐	Round 2 ☐	Round 3 ☐	Round 4 ☐	Round 5 ☐	Round 6 ☐
月　日	月　日	月　日	月　日	月　日	月　日

現在進行形

時間の流れの中の「今」

「今」1点！

↓

―――――――●―――――――→
　　　　　now

- 夜間学校で会計を学んでいます。
- 順調にやっています。
- 毎週土曜日に料理を習っています。
- (また)お会いするのを楽しみにしています。
- 彼は今マドリッドに住んでいます。
- フランスで休暇を過ごすつもりです。
- 今、何をしているの？《話者が話をしている今している動作を指す》
- 夜間学校で経営学を学んでいます。
- 順調にやっています。
- 毎週土曜日に絵を習っています。
- (はじめて)お会いするのを楽しみにしています。
- 彼は今コンドミニアムに住んでいます。
- 私たちは7月の休みの計画を立てています。
- 今、何を勉強しているの？

11 普段形・一般形(現在形)と現在進行形の違い

Step2 - 21
Step3 - 22

Step 1

現在形は普段起きている事柄や一般的にいつも繰り返される事柄など、**「あまりすぐには変わらない(終わらない)こと」**を示すのに用いる、「普段形」「一般形」です。
それに対して現在進行形は、話している現時点において**「すでに始まっているが、まだ終わっていないこと」**を表すのに使われます。
"I'm reading *Botchan*."(私は『坊ちゃん』を読んでいる)
といっても、話しているその瞬間に「読んでいる」必要はありません。また、話し手はいつまでも読み続けるわけではありません。
「現在進行形」は、あくまで「一時的な行為」であることを示しているのです。

Step 2

1. I commute to work by subway.

   I am commuting by bicycle during good weather.

2. Kevin works for a manufacturer.

   He is working in Thailand at present.

3. She studies Western art at university.

   She is studying Van Gogh's paintings at university.

4. It costs a lot to attend university.

   It is costing me a lot to attend university.

Step 3

1. She commutes to work by bus.

   She is commuting by car.

2. I work for a computer manufacturer.

   I am working in Osaka now.

3. He studies medicine at medical school.

   He is studying internal medicine now.

普段形・一般形と現在進行形の違い

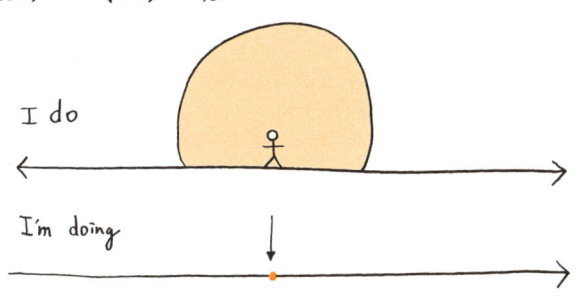

I do

I'm doing

- 私は地下鉄で通勤しています。
- 天気がいい間は自転車で通勤しています。
- ケビンはメーカーに勤めています。
- 彼は今、タイで働いています。
- 彼女は大学で西洋美術を学んでいます。
- 彼女は大学でゴッホの絵を研究しているところです。
- 大学に通うにはかなりのお金がかかります。
- 大学に通うのにかなりのお金がかかっています。
- 彼女はバスで通勤しています。
- 彼女は今のところは車で通勤しています。
- 私はコンピューターメーカーに勤めています。
- 私は今は、大阪で働いています。
- 彼は医学部で医学を学んでいます。
- 彼は今、内科を学んでいるところです。

12 過去形

Step2 - 23
Step3 - 24

Step 1

過去形は、過去のある時点に起きた事柄や行為を示します。大切なのは、「その事柄や行為が現在も続いているかどうかは関係ない」ということです。たとえば、"I worked at the zoo last year."（私は去年その動物園で働きました）という場合、現在その動物園で働いていても、働いていなくとも、関係ないということです。

つまり、過去形は過去の「ある1点（1期間）」だけについて表現するものです。逆にいえば、過去形を使って話す場合には、過去のある時間や期間（「3日前」「1957年」、また「私が子どものころ」など）に意識の焦点があてられているのです。

Step 2

1. I was tired last night.
2. I was worried about my job.
3. I passed the entrance exam!
4. I grew up in Hirosaki.
5. The traffic was heavy this morning.
6. You did a wonderful job.
7. I graduated from university in 2003.

Step 3

1. I was hungry this morning.
2. I was worried about my father.
3. I passed the final exam!
4. They grew up in America.
5. The traffic wasn't heavy this morning.
6. The kids did a wonderful job.
7. I graduated from high school in March.

Round 1 ☐	Round 2 ☐	Round 3 ☐	Round 4 ☐	Round 5 ☐	Round 6 ☐
月　　日	月　　日	月　　日	月　　日	月　　日	月　　日

過去形

過去の「ある1点」

- 昨夜は疲れました。
- 自分の仕事のことが心配でした。
- 入学試験に受かりました！
- 弘前で育ちました。
- 今朝は渋滞していました。
- よく頑張りましたね。
- 2003年に大学を卒業しました。
- 今朝は空腹でした。
- 父のことが心配でした。
- 最終試験に受かりました！
- 彼らはアメリカで育ちました。
- 今朝は渋滞していませんでした。
- 子どもたちはよく頑張りました。
- 3月に高校を卒業しました。

13 過去形の疑問文と used to の使い方

))
Step2 - 25
Step3 - 26

過去形の疑問文も現在形と同様語順を変え、be動詞の場合はwasもしくはwereを、それ以外の動詞の場合はdidを主語の前に置きます。

was/were + 主語...
did + 主語...

Step 1

ただし、didを使って疑問文を作った場合は、主語のあとの動詞は、変化させていない元の形（原形）に戻します。これは否定文でdidn'tを用いる場合も同様です。

主語+used to +動詞という表現を使うと、「過去には行った（行っていた）が、今では行っていない」ということを示します。これによって、過去の行為と現在の「それに反する」事実を同時に示すことができます。

Step 2

1. A: **Were** you home last night?　B: Yes, I was.
2. A: **Was** the weather nice in San Francisco?　B: Yes, it was.
3. A: **Did** you stay in Rome?　B: Yes, we did.
4. A: How **was** your flight?　B: It was very comfortable, thank you.
5. I **used to** play golf.
6. We **used to** exchange Christmas cards.
7. Did you **use to** travel for work?

Step 3

1. **Were** you busy last week?
2. **Was** it cold in Paris?
3. **Did** you go to university in Tokyo?
4. How **were** the Broadway shows?　They were fantastic.
5. I **used to** practice judo.
6. They **used to** exchange New Years cards.
7. Did you **use to** travel on business?

Round 1 ☐	Round 2 ☐	Round 3 ☐	Round 4 ☐	Round 5 ☐	Round 6 ☐
月　日	月　日	月　日	月　日	月　日	月　日

過去形 と used to の使い分け

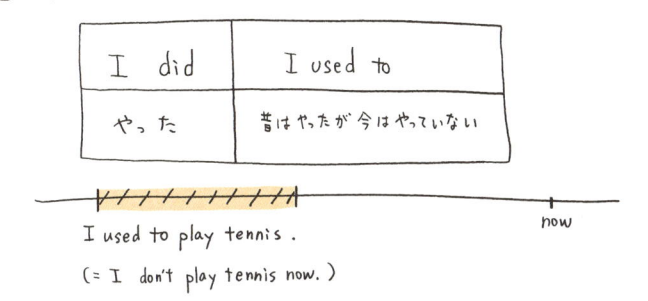

I did	I used to
やった	昔はやったが今はやっていない

I used to play tennis.
(= I don't play tennis now.)

- A: 昨夜は家にいましたか？　B: はい、いました。
- A: サンフランシスコの天気はよかったですか？　B: はい。
- A: ローマに滞在したのですか？　B: はい。
- A: 飛行機の旅はいかがでしたか？　B: とても快適でした。ありがとう。
- 以前はよくゴルフをしていました。
- 以前はよくクリスマスカードをやりとりしていました。
- 以前はよく出張していたのですか？
- 先週は忙しかったのですか？
- パリは寒かったですか？
- 東京の大学に行ったのですか？
- A: ブロードウェイの芝居はどうでしたか？　B: とても素晴らしかったです。
- 以前はよく柔道をしていました。
- 彼らは以前はよく年賀状をやりとりしていました。
- 以前はよく出張していたのですか？

14 過去進行形

))) Step2 - 27
Step3 - 28

過去進行形（was/were + 動詞の-ing形）は、「過去のある時点」で起きていた、つまり「その時点以前から始まったがまだ終わっていなかった行為」を示します。

従って、過去進行形を使う場合は、必ず「過去のある時点」が前提としてあることに注意してください。

Step 1

たとえば、日本語で「昨晩9時ごろテレビを見ていたら、友達から電話があった」という場合、英語では、「昨晩9時に友達が電話をかけてきたときにはぼくはテレビを見ていた」"When my friend called me, I was watching television." などと表します。この場合は、"When my friend called me," が「過去のある時点」を指しています。

Step 2

1. I was watching television at 9:30 yesterday.
2. They were sightseeing in London last week.
3. In 2010 I was working in Shizuoka.
4. On Sunday I was hiking with friends.
5. I wasn't planning to work today.
6. It wasn't raining this morning.
7. I was hoping to meet your friends.

Step 3

1. I was sleeping deeply at 9:30 yesterday.
2. He was sightseeing in London last month.
3. In 2010 we were working in Shizuoka.
4. On Friday I was drinking with friends.
5. Our team wasn't planning to participate today.
6. It was snowing this morning.
7. My friends were hoping to meet you.

Round 1 ☐	Round 2 ☐	Round 3 ☐	Round 4 ☐	Round 5 ☐	Round 6 ☐
月　　日	月　　日	月　　日	月　　日	月　　日	月　　日

過去進行形

過去のある期間継続した行為や状態の最中

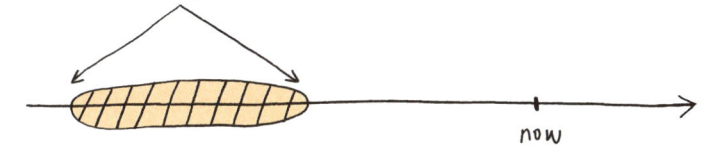

- 昨夜の9時半にはテレビを見ていました。

- 彼らは先週、ロンドンで観光をしていました。

- 2010年には静岡で働いていました。

- 日曜日は友達とハイキングをしていました。

- 今日は仕事をするつもりではなかった。

- 今朝は雨は降っていませんでした。

- あなたの友達に会うのを楽しみにしていました。

- 昨夜は9時半にはぐっすり寝ていました。

- 彼は先月、ロンドンで観光をしていました。

- 2010年には私たちは静岡で働いていました。

- 金曜日は友達と飲んでいました。

- 今日は私たちのチームは参加するつもりではなかった。

- 今朝は雪が降っていました。

- 友達はあなたに会いたがっていました。

毎日の急所

1 「今から」時間と「そのときから」時間 Column

「今から」時間

英語では、話すときに時間の「基準点」を現在＝「今」に置くか、現在ではない「あるとき」に置くかで、時間の表現のしかたがまったく異なります。これはとても重要なポイントですが、誤解や混同して使っている日本人学習者が多いので、ここで明確に覚えてください。

第一に、「現在」を基準としてそこからいろいろな出来事や行為について語る方法があります。ここでいう「現在」とは、「今、このとき」を含んでいさえすればよく、「今日、今週、今月」から「今世紀」まで時間の幅は様々です。

---

① 「現在」を基準点とすれば、過去に起きた出来事は「今から〜前」、つまり **〜 ago** として表現できます。

② 未来に起きる出来事は「今から〜のち」、つまり **〜 from now** として表現できます。

まず、この「今から」時間という流れがあることを覚えてください。

「今から」時間

now −

- one week from now → 7日後
- 6 days from now → 6日後
- 5 days from now → 5日後
- 4 days from now → 4日後
- 3 days from now → 3日後
- 2 days from now (= the day after tomorrow) → 2日後
- tomorrow → 明日
- yesterday → 昨日
- 2 days ago (= the day before yesterday) → 2日前
- 3 days ago → 3日前
- 4 days ago → 4日前
- 5 days ago → 5日前
- 6 days ago → 6日前
- One week ago (= 7 days ago) → 7日前

※ seconds (秒), minutes (分), hours (時), weeks (週), months (月), …なども同様

「そのときから」時間

「今から」時間ではなく、時間の基準点を「今ではない(過去あるいは未来の)あるとき」に置くと、時間の表現のしかたもまったく異なります。

たとえば「今から」3日前は three days ago といいますが、「それ(ある時点)から」3日前の場合は、three days before もしくは three days earlier と表します。日本語では同じ「〜前」という表現であっても、「今」を基準にする場合(〜 ago)と「あるとき」を基準にする場合(〜 before/ earlier)とでは異なるのです。

未来についても同じです。

「今」から1週間後は a week from now ですが、
「ある時点」から1週間後の場合(=「それから1週間後」)は
a week later と表現します。

「今から時間」は ago と from now を用い、「そのときから時間」は before/earlier と after/later を用いると覚えてください。

「そのときから」時間

that time

※「その時」を基準に、
seconds（秒）,
minutes（分）,
hours（時）,
weeks（週）,
months（月）,
…なども同様

- a week after that / a week later → その7日後
- 6 days after that / 6 days later → その6日後
- 5 days after that / 5 days later → その5日後
- 4 days after that / 4 days later → その4日後
- 3 days after that / 3 days later → その3日後
- 2 days after that / 2 days later → その2日後
- the day after / a day later → その1日後
- the day before / a day earlier → その1日前
- 2 days before / 2 days earlier → その2日前
- 3 days before / 3 days earlier → その3日前
- 4 days before / 4 days earlier → その4日前
- 5 days before / 5 days earlier → その5日前
- 6 days before / 6 days earlier → その6日前
- one week before / one week earlier → その7日前

15 will 今決めた未来

Step2 - 29
Step3 - 30

未来に向けて何かをする意思を語る場合(「〜しよう」「〜するつもりです」など)は、「いつ」そのような意思を持ったかによって表現のしかたが異なります。

Step 1
前には考えていなかったけれども(あるいは決めていなかったけれども)、「(話している)今決心した」という場合は、I will(I'll)〜 という形を用います。
雨が降っているのを知って「じゃ、タクシーで行きましょう」と決断するような場合です。
また、この I'll 〜は、何かを申し出たり(I'll help you.：何かいたしましょうか)、約束したりする(I'll be back before lunch.：ランチ前には戻ります)ときにもよく用いられます。

Step 2

1. It's raining, so I'll take a taxi.
2. I'll send you an email later today.
3. I'll take care of it right away.
4. I'll be right there.
5. I won't see you until Sunday.
6. It's cold. I'll shut the window.
7. I'll have hot coffee, please.

Step 3

1. It's not raining, so I'll walk.
2. I'll send you a package later today.
3. John will take care of it right away.
4. I'll be right here.
5. She won't return until Sunday.
6. It's hot. I'll open the window.
7. I'll have a hamburger, please.

Round 1 □	Round 2 □	Round 3 □	Round 4 □	Round 5 □	Round 6 □
月　　日	月　　日	月　　日	月　　日	月　　日	月　　日

will　今決めた 未来

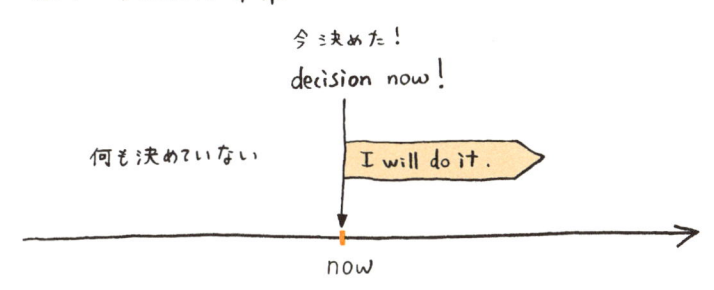

今決めた！
decision now!

何も決めていない　　　　　I will do it.

↓
now

- 雨が降っているのでタクシーで行きます。
- 今日、後でメールします。
- すぐに取りかかります。《ビジネス》
- すぐに参ります。《電話》
- 日曜までは会えないね。
- 寒い。窓を閉めよう。
- ホットコーヒーをお願いします。

- 雨は降っていないので歩いていきます。
- 今日、後で荷物を送ります。
- ジョンがすぐに取りかかります。《ビジネス》
- ここでお待ちします。《ビジネス》
- 彼女は日曜まで戻ってきません。
- 暑い。窓を開けよう。
- ハンバーガーをお願いします。

16 be going to
すでに決めていた未来

Step2 - 31
Step3 - 32

前項で取り上げた「『今決めた未来』のwill」に対して、同じ未来についての意思を伝える場合でも、**「(話している以前から) すでにその意思を決定していた」**という場合は、I'm going to ~という形や、現在進行形(I'm -ing)を用います。

Step 1
今日は雨が降りそうなので「タクシーで行くつもりです(予定です)」と言うような場合です。
また、「この夏休みはどこにお出かけですか」と尋ねる場合は、相手の心づもりを聞くわけですから、
"Where are you going during summer vacation?"
となります。

Step 2

1. I'm going to have lunch with Jason.
2. I'm going to study abroad next year.
3. They're going to have a party.
4. We're not going to work tomorrow.
5. Are you going to attend the conference?
6. Our train is going to leave at 11:30.
7. Everything's going to be fine.

Step 3

1. We're going to have dinner with Jason.
2. He's going to study abroad for a year.
3. They're going to buy a new car.
4. She's not going to depart tomorrow.
5. Are you going to attend the concert?
6. Our plane is going to leave at 10:30.
7. Everything's going to work out.

Round 1 □	Round 2 □	Round 3 □	Round 4 □	Round 5 □	Round 6 □
月　日	月　日	月　日	月　日	月　日	月　日

be going to　すでに決めていた未来

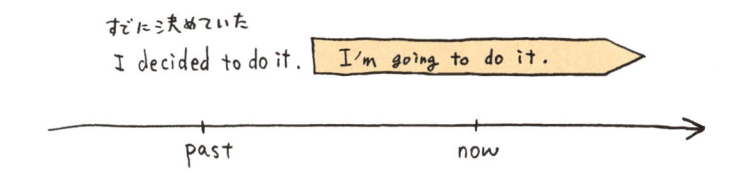

すでに決めていた
I decided to do it.　I'm going to do it.

past　　　　　now

- ジェイソンと昼食をとるつもりです。
- 来年は留学する予定です。
- 彼らはパーティーをすることにしています。
- 明日は仕事をしません。
- 会議には出席するつもりですか？
- 電車は11時半に出発します。
- 万事うまくいきます。
- 私たちはジェイソンとディナーをともにするつもりです。
- 彼は1年間留学する予定です。
- 彼らは新車を買うことにしています。
- 彼女は、明日出発はしません。
- コンサートに行くつもりですか？
- 私たちの乗る飛行機は10時半に離陸します。
- 万事うまくいきます。

17 willとbe going toの使い分け

))
Step2 - 33
Step3 - 34

Step 1

もう一度 will('ll)と(be)going to ～/ be -ing の使い分けについてまとめておきましょう。will を使うのは、話す以前には未来について意思を決めていなかったが、話している今それを決断した、というような場合です。「今決めたのwill」と覚えてください。

それに対して(be) going toや現在進行形を使うのは、話す前から意思を決めていた場合です。こちらは「心づもりのbe going to」と覚えます。このような違いが明確にありますから、たとえば "Are you going abroad?"（海外に出かけるご予定はありますか？）と聞かれて "Yes, I will go next month."（はい、では来月行くことにしましょう）と答えるとおかしな会話になってしまいます。

Step 2

① A: I need some help with these boxes.　B: I'll help you.

② A: I'm going to go for a walk.　B: I'll go with you.

③ A: Do you have any plans for tomorrow?　B: I'm going hiking in the mountains.

④ A: Will you be here tomorrow?　B: No, I'm going to travel on business.

⑤ A: What is the weather forecast for tomorrow?　B: It's going to snow.

⑥ It's going to be sunny and warm.

⑦ It's not going to rain.

Step 3

① I'll help you pack those boxes.

② I'll go with you to the shop.

③ I'm going shopping in the afternoon.

④ No, I'm going to attend a seminar.

⑤ A: What is the weather forecast for tomorrow?　B: It's going to rain.

⑥ It's going to be cloudy and cold.

⑦ It's not going to snow.

Round 1 ☐	Round 2 ☐	Round 3 ☐	Round 4 ☐	Round 5 ☐	Round 6 ☐
月　　日	月　　日	月　　日	月　　日	月　　日	月　　日

decision now

I will

now

decision in the past

I'm going to ...

past　　　　　　　　　now　　　　　　　　future

- A: この箱を片づけるのにちょっと人手がいるんだけど。　B: 手伝うよ。

- A: 散歩に行くつもりだけど。　B: 私も一緒に行く。

- A: 明日は何か予定がありますか？　B: 山にハイキングに行くんだ。

- A: 明日は来られますか？　B: いえ、明日は出張なんです。

- A: 明日の天気予報は何ですか？　B: 雪になります。

- 晴れて暖かくなります。

- 雨は降りません。

- この箱を梱包するの手伝うよ。

- 買い物につき合うよ。

- 午後は買い物に行くことにしています。

- いえ、セミナーに参加します。

- A: 明日の天気予報は何ですか？　B: 雨になります。

- 曇って寒くなります。

- 雪は降りません。

18 助動詞①　依頼で用いるcanとcould

Step2 - 35
Step3 - 36

助動詞のcan は、基本的に「能力（〜できる）」という意味や「可能性・許可（〜がありうる・〜しても良い）」という意味を動詞に加えるために用いられます。

Step 1
他にも、他人に何か依頼するときの言い方として Will you〜? という疑問文を習ったことがあるかもしれませんが、Can you〜?やCould you〜?を用いると丁寧で良い言い方になります。さらに、**canよりもcould を用いたほうがより柔らかい印象を与えます。**

could は「もしできるならば〜（していただけませんか）」という意味合いが加わることによって、頼まれるほうの人が重荷に感じないように気遣っていることになるのです。

Step 2

1. I **can** help you do that.
2. **Can** I help you?
3. **Could** you help me?
4. **Could** you hold for a moment, please?
5. **Could** I have your name again, please?
6. **Could** you take a message?
7. **Could** I have your name?

Step 3

1. We **can** help you do that.
2. **Can** we help you?
3. **Could** you help us?
4. **Could** you wait for a moment, please?
5. **Could** I have your company name, please?
6. **Could** you pass on a message?
7. **Could** I have your address, please?

Round 1 ☐	Round 2 ☐	Round 3 ☐	Round 4 ☐	Round 5 ☐	Round 6 ☐
月　日	月　日	月　日	月　日	月　日	月　日

助動詞の丁寧度

	意思を聞いている	可能か不可能か聞いている
ストレートな表現	will	can
婉曲表現 ↓	would	could
	直接的	間接的

- 手伝いますよ。

- いらっしゃいませ。

- 手伝っていただけませんか？

- 少々お待ちください。《電話で》

- お名前をもう一度おっしゃっていただけますか？《電話／受付で》

- 伝言をお願いできますか？《ビジネス》

- お名前を伺ってよろしいですか？《ビジネス》

- 手伝いますよ。

- いらっしゃいませ。

- 私たちに手を貸していただけませんか？

- 少々お待ちください。《ビジネス》

- 御社のお名前をおっしゃっていただけますか？《電話／受付で》

- 伝言をしていただけますか？《ビジネス》

- ご住所を伺ってよろしいですか？《ビジネス》

19 助動詞② mayとmight

)))
Step2 - 37
Step3 - 38

Step 1

mayとmightは第一に「可能性」を示して「〜かもしれない」という意味を加えますが、その可能性があまり高くない場合に使います。むしろ、**「その可能性を否定できない」というようなレベルの可能性**を表現するものです。mightはmayよりもさらに弱い可能性を示しますが、mayとmightの使い分けには個人間でかなり差があります。

また、他人から許可を求める場合にMay I...? という形でmayが用いられます。この場合も、前項のwill/would, can/couldと同様に、mightを用いてMight I...?と言えば、「〜しても構いませんでしょうか？」というようなより丁寧に聞こえます。

Step 2

1. I **may** go shopping on Friday.
2. **May** I ask a question?
3. **May** I use your restroom?
4. **May** I have your signature here, please?
5. I **might** start learning how to cook.
6. I **might** contact him tomorrow.
7. It **might** rain this afternoon.

Step 3

1. He **may** go swimming on Friday.
2. **May** we ask some questions?
3. **May** I borrow an umbrella?
4. **May** I have your address, please?
5. I **might** start learning to drive.
6. He **might** contact me tomorrow.
7. It **might** clear up this afternoon.

may と might

---

mayよりmightの方がやや丁寧

- 金曜日に買い物に行くかもしれません。
- 質問してもいいですか？
- お手洗いを借りてもいいですか？
- ここにサインをいただけますか？
- 料理を習うかもしれません。
- 明日、彼に連絡をとるかもしれません。
- 今日の午後は雨になるかもしれません。

- 彼は金曜日に泳ぎに行くかもしれません。
- 質問してもいいですか？
- 傘を借りてもいいですか？
- 住所を教えてもらえますか？
- 車の運転を習うかもしれません。
- 明日、彼から連絡があるかもしれません。
- 今日の午後は晴れるかもしれません。

20 助動詞③ should と must

Step2 - 39
Step3 - 40

Step 1

shouldは「～したほうが良い」とか「～するのが正しい」という意味合いです。よく「～すべきだ」と訳されますが、それほど強い意味はありません。むしろ人に何かアドバイスをしたり、規則について知らせるような場合に使われる助動詞です。

これに対してmustを用いると「～しなければいけない」という、より強く義務を示す意味合いが生じます。

ただし、会話でmustを使うと非常にフォーマルな、あらたまった印象を与えます。

また、You had better...という表現は命令に近い強い響きを持つので、通常の助言の場合は避けた方が良いでしょう。

Step 2

1. You should go and see the exhibit.
2. You should have an annual medical check-up.
3. I should visit my parents more often.
4. We shouldn't spend too much money.
5. I must find a cheaper apartment.
6. You must try the new Italian restaurant.
7. All cars must have a parking permit.

Step 3

1. You should go and eat lunch.
2. You should take a day off.
3. She should visit her parents more often.
4. I shouldn't spend so much money.
5. I must stop eating so much.
6. You must try the new Indian restaurant.
7. All visitors must have a ticket.

Round 1 ☐	Round 2 ☐	Round 3 ☐	Round 4 ☐	Round 5 ☐	Round 6 ☐
月　　日	月　　日	月　　日	月　　日	月　　日	月　　日

should と must

> should は「アドバイスや お知らせ」
>
> must は「〜しなければならない」

- その展覧会に行ってみたら。
- 年に1回は健康診断を受けたら。
- 私はもっと両親に会いに行くほうがいいのだが。
- 私たちはあまり浪費しないほうがいい。
- もっと安いアパートを見つけなければいけません。
- 新しくできたイタリアンレストランに行くべきですよ。[強いすすめ]
- すべての車は駐車許可証を必須とします。[公的要請]

- 昼食を食べに行ったら。
- 1日、休みをとったら。
- 彼女はもっと両親に会いに行くほうがいい。
- 私はあまり浪費しないほうがいい。
- 食べすぎをやめなければいけません。
- 新しくできたインド料理の店に行くべきですよ。
- 見学者は全員、チケットを必要とします。

21 助動詞④ 便利なwould

Step2 - 41
Step3 - 42

wouldはとても便利な助動詞で、(1)丁寧に手伝いを申し出るとき、(2)丁寧にものを尋ねるとき、(3)丁寧にお願いをするときなど、さまざまな場面で用いられます。

また、Would you like to...?という形で相手の意向を尋ねるのに用いますが、これはさらに婉曲に相手を誘うときにも使われます。下の例文にあるように、Would you like to eat lunch together?は「一緒に昼食を取ること」について相手の気持ちを尋ねるかたちをとりながら、実は「一緒に昼食に行きませんか」と控えめに誘っているのです。このように表面的には相手の気持ちを尋ねるような形をとることで、断るときにも相手があまり負担を感じないようにしているともいえます。

Step 1

Step 2

1. Would you like a cup of coffee?
2. Would you like to eat lunch together?
3. Would you help me move this furniture?
4. Would you care to leave a message?
5. Would you please contact Mr. Ikeda?
6. I would like some information, please.
7. I'd like to have the "daily special."

Step 3

1. Would you like something to drink?
2. Would you like to eat dinner together?
3. Would you help me move this desk?
4. Would you like to leave a message?
5. Would you please connect me to James?
6. I'd like some information about flights, please.
7. I'd like to have the "lunch special."

Round 1 ☐	Round 2 ☐	Round 3 ☐	Round 4 ☐	Round 5 ☐	Round 6 ☐
月　日	月　日	月　日	月　日	月　日	月　日

便利な would

> would は丁寧に
> 「申し出る・ものを聞く・お願いする」
> ときに使える

- コーヒーはいかがですか？
- 一緒に昼食に行きませんか？
- この家具を動かすのを手伝っていただけませんか？
- 伝言を承りましょうか？《電話で》
- 池田さんに連絡していただけますか？
- 情報を教えていただけますか？
- 「日替わりのスペシャルメニュー」にします。

- 飲み物はいかがですか？
- 一緒にディナーに行きませんか？
- この机を動かすのを手伝っていただけませんか？
- 伝言を承りましょうか？《電話で》
- ジェイムズさんにつないでいただけますか？
- 飛行機の便に関する情報を教えていただけますか？
- 「日替わりのスペシャルランチ」にします。

22　助動詞⑤　丁寧なshall

Step2 - 43
Step3 - 44

will は未来の事柄についての予測や意思を示すためにも用いられますが、**shallはもっぱら他人への申し出や提案を穏やかに伝えたい場合**に使われます。「(私が) 〜いたしましょうか？」とか「(私たちは) こうしてはどうでしょうか？」という言い回し、また「〜についてどうしましょうか？」と尋ねるような場合です。

Step 1

この用法では、主語はIとweに限られます。申し出や提案は場合によっては押しつけがましく聞こえてしまうことがありますが、このShall I〜? Shall we〜?の表現を用いれば、そのおそれはありません。

依頼、許可、助言、提案などはさまざまな表現がありますが、助動詞の選択などによって丁寧さが異なる点に注意して下さい。

Step 2

1. **Shall** I open the window?
2. **Shall** I help you make lunch?
3. **Shall** we go for a walk?
4. A: Where shall we eat dinner? B: How about the Chinese place?
5. A: What time shall we meet?   B: How about 7:30?
6. Who shall we invite to our party?
7. How shall we travel to Europe?

Step 3

1. **Shall** I close the door?
2. **Shall** I help you prepare dinner?
3. **Shall** we go for a hike?
4. Where shall we eat breakfast?
5. What day shall we meet?
6. Who shall I invite to the party?
7. How shall we go to the museum?

74

Round 1 ☐	Round 2 ☐	Round 3 ☐	Round 4 ☐	Round 5 ☐	Round 6 ☐
月　日	月　日	月　日	月　日	月　日	月　日

丁寧な shall

> 丁寧な申し出をするときは、
> Shall I …?　Shall we …?
> を使う

- 窓を開けましょうか？
- 昼食をつくるのを手伝いましょうか？
- 散歩しましょうか？
- A: 夕食はどこの店にしましょうか？　B: 中華料理の店はどうですか？
- A: 何時に会いましょうか？　B: 7時30分はいかがですか？
- 私たちのパーティーに誰を呼びましょうか？
- どうやってヨーロッパに行きましょうか？

- ドアを閉めましょうか？
- 夕食をつくる準備を手伝いましょうか？
- ハイキングに行きましょうか？
- 朝食はどこの店にしましょうか？
- 何曜日に会いましょうか？
- パーティーに誰を呼びましょうか？
- どうやって博物館に行きましょうか？

23 What で始まる疑問文

Step2 - 45
Step3 - 46

Whatで始まる疑問文には2種類あります。
"What is your hobby?"(あなたの趣味は何ですか？)のようにWhatのみで用いられる場合は**「何が？」「何を？」**という意味になります。この場合Whatは単独で名詞と同じ働きをします。

Step 1
もう1つは、"What time is it now?"(今何時ですか？)や"What color do you like best?"(あなたが一番好きな色は何ですか？)のように、Whatのあとに尋ねる内容を示す名詞をつける場合です。あとにつく名詞によって、**「何（時）？」「どんな(色)？」**などさまざまな質問文をつくることができます。

Step 2

1. **What size** is this blouse?
2. **What kinds of** jobs are available?
3. **What time** is it now?
4. **What time** is your appointment?
5. **What** do you suggest?
6. **What** do you recommend?
7. **What** do you think?

Step 3

1. **What size** is this pair of jeans?
2. **What kinds of** rooms are available?
3. **What time** does the meeting start?
4. **What time** is your reservation?
5. **What** do you suggest for lunch? [to a waiter or companion]
6. **What** do you recommend today? [to a waiter]
7. **What** do you think we should do?

Round 1 ☐	Round 2 ☐	Round 3 ☐	Round 4 ☐	Round 5 ☐	Round 6 ☐
月　日	月　日	月　日	月　日	月　日	月　日

whatの疑問文

> whatのみの疑問文は「何？」
>
> what + 単語 で 「何(時)・何(色)？」
> 　　　　　　　(time, colorなど)

- このブラウスのサイズは何ですか？
- どんな仕事ならありますか？
- 今、何時ですか？
- お約束は何時ですか？《ビジネス》
- おすすめは何ですか？
- おすすめは何ですか？
- どう思いますか？

- このジーンズのサイズは何ですか？
- どんな部屋ならあいていますか？
- 会議は何時に始まりますか？
- ご予約されているのは何時ですか？
- 昼食におすすめなのは何ですか？《ウエイターか食事する相手に》
- 今日のおすすめは何ですか？《ウエイターに》
- 私たちはどうするべきだと思いますか？

24 Why で始まる疑問文

))
Step2 - 47
Step3 - 48

Whyで始まる疑問文は、2種類あります。

Step 1

1つは、通常の**「なぜ?」**という理由を尋ねる疑問文です。"Why do you like eating natto ?"(どうして納豆を食べるのが好きなのですか?)というように、Whyの後ろはそのまま通常の疑問文となっています。be動詞の疑問文の場合も同様です。

もう1つは、**「〜したら」**とすすめるときに使う表現です。"Why don't you eat natto ?"(納豆を食べませんか?)のように、Why don't you 〜?で始める形と、"Why not eat natto ?(納豆を食べませんか?)とWhy not +動詞(原形)〜?で表す形があります。

Step 2

1. **Why** is Jenny moving to Atlanta?
2. **Why** isn't the train on time?
3. **Why** are you late today?
4. **Why** aren't you going on Saturday?
5. **Why** do you want to visit London?
6. **Why don't you** change jobs?
7. **Why not** call and make a reservation?

Step 3

1. **Why** is Karen coming to Japan?
2. **Why** isn't Maria here yet?
3. **Why** are you always working late?
4. **Why** aren't stores open on Saturday?
5. **Why** do they want to visit Osaka?
6. **Why doesn't your sister** change jobs?
7. **Why not** catch a taxi?

Round 1 □	Round 2 □	Round 3 □	Round 4 □	Round 5 □	Round 6 □
月　　日	月　　日	月　　日	月　　日	月　　日	月　　日

whyの疑問文

「なぜ?」を聞く	why + be動詞 + 主語 ...? why + do + 主語 + 動詞 ...?
「〜したら」とすすめる	why + don't you ...? why + not + 動詞 ..?

▸ なぜジェニーはアトランタに引っ越すんですか?

▸ なぜ電車は時間どおりに来ないんですか?

▸ 今日はなぜ遅れたんですか?

▸ なぜ土曜日に行かないんですか?

▸ なぜロンドンに行きたいんですか?

▸ 転職したらどうですか? 《推薦》

▸ 電話をかけて予約したらどうですか? 《推薦:示唆》

▸ なぜカレンは日本に来るんですか?

▸ なぜマリアはここにいないんですか?

▸ なぜいつも残業しているんですか?

▸ なぜ土曜日に店が閉まっているんですか?

▸ なぜ彼らは大阪に行きたがるんですか?

▸ あなたの妹さんは転職したらどうですか?

▸ タクシーをつかまえたらどうですか?

25 Whichで始まる疑問文

Step2 - 49
Step3 - 50

Whichは、**対象がある程度限定されている中での「選択」を尋ねる**場合に用いられます。後ろに名詞をつければ「どの〜（チーム、本、人）ですか？」という形で、尋ねている内容を示すことができるのはWhatの場合と同じです。

Step 1
「どの（チーム）」の「どの」という場合は、選択肢がはっきりしていれば"Which team do you support, Manchester United or Arsenal?"（応援しているのはマンU？アーセナル？）とWhichを使いますが、一般的に「どのチームを応援しているの？」と聞く場合は"What team do you support?"などとWhatを用います。選択肢が明確かどうかは、それまでの話の流れ（文脈）から判断してください。

Step 2

1. **Which university** did you graduate from?
2. **Which hotel** offers the best prices?
3. **Which stores** have the best selections?
4. **Which manufacturer** makes the best cameras?
5. **Which countries** require visas?
6. **Which tour** do you prefer to take?
7. **Which day** works for you?

Step 3

1. **Which high school** did he graduate from?
2. **Which shops** have the lowest prices?
3. **Which boutiques** have the best selections?
4. **Which manufacturer** makes the best equipment?
5. **Which countries** have you visited?
6. **Which flight** do you prefer to take?
7. **Which meeting place** works for you?

Round 1 ☐	Round 2 ☐	Round 3 ☐	Round 4 ☐	Round 5 ☐	Round 6 ☐
月　　日	月　　日	月　　日	月　　日	月　　日	月　　日

whichの疑問文

> whichは、具体的な選択肢がある場合、
> 「どの〜？」「どれ？」を聞く

- 卒業したのはどの大学ですか？
- 一番料金が安いのはどのホテルですか？
- 一番品揃えがいいのはどの店ですか？
- 一番いいカメラをつくっているのはどのメーカーですか？
- ビザが必要なのはどの国ですか？
- どのツアーに行きたいですか？
- 何曜日が都合がいいですか？

- 卒業したのはどの高校ですか？
- 一番料金が安いのはどの店ですか？
- 一番品揃えがいいのはどのブティックですか？
- 一番いい道具をつくっているのはどのメーカーですか？
- どの国に行ったことがありますか？
- どの便をご利用したいですか？
- 会うのはどこが都合がいいですか？

26 WhenやWhereで始まる疑問文

Step2 - 51
Step3 - 52

Step 1

WhatやWhichと異なり、「いつ」を聞くWhenや「どこに（で・へ）」を尋ねるWhereは通常**後ろに何もつけず単独で**用います。
「あなたはどの町に住んでいますか？」と尋ねる場合は "What town do you live in?" と最後に「～に」を示すinをつけなければなりません（最初にinをつけてIn what town do you live?も良い）が、「あなたはどこに住んでいますか？」はWhere do you live? とinはつけません。これはWhere にはin のような場所を示す前置詞の働きが含まれているからです。Whenも同様に働きます。
there「そこに」やnow「今このときに」といった副詞と同じ働きをするので、WhereやWhenは疑問副詞と呼ばれています。

Step 2

1. **When** is a good time for you?
2. **When** is a possible meeting time?
3. **When** would be a convenient time?
4. **Where** do you live?
5. **Where** do you come from?
6. **Where** would you like to meet?
7. **Where** does this bus go?

Step 3

1. **When** is a good time for them?
2. **When** is a possible train time?
3. **When** would be convenient for you?
4. **Where** do your parents live?
5. **Where** does your family come from?
6. **Where** would you like to stay?
7. **Where** does this subway line go?

Round 1 ☐	Round 2 ☐	Round 3 ☐	Round 4 ☐	Round 5 ☐	Round 6 ☐
月　　日	月　　日	月　　日	月　　日	月　　日	月　　日

when, where の疑問文

> when, where の疑問文で
> at (時間・場所) や in (時間・場所) などの
> 前置詞は使わない

- いつなら都合が良いですか？

- いつなら会えそうですか？

- いつなら都合が良いですか？

- どこに住んでいらっしゃるのですか？

- ご出身はどちらですか？《現在時制に注意》

- どこでお会いしましょうか？

- このバスはどこ行きですか？

- 彼らはいつなら都合が良いですか？

- 乗れそうな電車の時間は何時ですか？

- いつなら都合が良いですか？

- ご両親はどこに住んでいらっしゃるのですか？

- ご家族のご出身はどちらですか？

- どこに滞在したいですか？

- この地下鉄はどこ行きですか？

27 Howで始まる疑問文

Step2 - 53
Step3 - 54

Howは**「いかに〜」「どうやって」**という意味です。単独で用いられることもありますが、うしろにfar、many、often、heavyなど距離や数量、頻度などを聞く形容詞や副詞をともなって**「どのくらい遠いか／多いか／頻繁にか／重いか」**という疑問文をつくります。

Step 1

また、important、strong、badlyなど普通の形容詞や副詞をつけると、「どのくらい重要か／強いのか／ひどく（例：けがしたのか）」というように、その「程度」を尋ねることができます。

もう1つの用い方はHow about 〜? で、後ろに名詞（動名詞）をつけて、**申し出（「〜はいかがですか？」）や提案（「〜はどうでしょうか？」）**を示します。

Step 2

① **How** was your vacation?

② **How far** is Aomori from Sendai?

③ **How often** do you eat out?

④ **How much** do tickets cost?

⑤ **How long** is the concert?

⑥ **How about** Tuesday afternoon?

⑦ **How about** some more beer?

Step 3

① **How** was your trip to Fukuoka?

② **How far** is Las Vegas from San Diego?

③ **How often** do you eat at home?

④ **How much** does milk cost?

⑤ **How long** does it take to get to Seoul?

⑥ **How about** Thursday morning?

⑦ **How about** another glass of beer?

Round 1 ☐	Round 2 ☐	Round 3 ☐	Round 4 ☐	Round 5 ☐	Round 6 ☐
月　日	月　日	月　日	月　日	月　日	月　日

Howの疑問文

How + 形容詞 + ...? ┐ どのくらい?
How + 副詞 + ...?   ┘ どれほど?

How about + 名詞(動名詞) ...?
→ 申し出 (〜はいかがですか?) や提案 (〜はどうでしょうか?)

▸ **休暇はいかがでしたか？**

▸ **仙台から青森まではどれくらい離れていますか？**

▸ **どのくらいの頻度で外食するのですか？**

▸ **チケットはいくらですか？**

▸ **コンサートの上演時間はどのくらいですか？**

▸ **火曜日の午後はいかがですか？**

▸ **ビールのお代わりはいかがですか？**

▸ 福岡への旅はいかがでしたか？

▸ サンディエゴからラスベガスまではどれくらい離れていますか？

▸ どのぐらいの頻度で家で食事するのですか？

▸ 牛乳はおいくらですか？

▸ ソウルまではどのくらい時間がかかりますか？

▸ 木曜の午前中はいかがですか？

▸ ビールのお代わりはいかがですか？

28 Let's を使った提案

))) Step2 - 55
Step3 - 56

英語には提案の表現がいろいろありますが、Let's（Let usを短縮した形です）を使って提案を行う場合もあります。**Let's の後には動詞の原形**（現在形の1人称）が続きます。-ing形の動詞は使えません。

日本では、Let'sの後ろに動詞を入れずに、-ing形を使っている方をよく見ますが誤用です。Let'sの後には、必ず原形が続くことを確認しましょう。
"Let's go shopping."（買い物に行こう）、"Let's go fishing."（釣りに行こう）、"Let's practice kendo."（剣道の練習をしよう）、"Let's play tennis."（テニスをしよう）などと表現します。

「提案をする・アイデアを出す」という点で前に学んだ Shall we 〜?とほぼ同じ働きをする表現です。

Step 1

Step 2

1. **Let's go** hiking.
2. **Let's go** sightseeing tomorrow morning.
3. **Let's practice** our presentation.
4. **Let's catch** the early bus.
5. **Let's wait** and see.
6. **Let's not take** lots of luggage.
7. **Let's not talk** shop.

Step 3

1. **Let's go** fishing this weekend.
2. **Let's go** shopping at the mall today.
3. **Let's practice** for the speech contest.
4. **Let's catch** a taxi.
5. **Let's wait** and see how things go.
6. **Let's not take** our laptops.
7. **Let's not waste** time talking.

Round 1 ☐	Round 2 ☐	Round 3 ☐	Round 4 ☐	Round 5 ☐	Round 6 ☐
月　日	月　日	月　日	月　日	月　日	月　日

Let's を使った提案

```
Let's + 動詞の原形 + ....
→ 〜しよう！
```

▸ **ハイキングに行きましょう。**

▸ **明日の朝、観光に行きましょう。**

▸ **プレゼンの練習をしましょう。**

▸ **早めのバスに乗りましょう。**

▸ **成り行きを見ましょう。**

▸ **あまり多くの荷物は持っていかないようにしましょう。**

▸ **仕事の話ばかりするのはやめておきましょう。《ビジネス》**

▸ **週末、魚釣りに行きましょう。**

▸ **今日、ショッピングンモールに買い物に行きましょう。**

▸ **スピーチコンテストの練習をしましょう。**

▸ **タクシーに乗りましょう。**

▸ **どうなるか成り行きを見ましょう。**

▸ **ラップトップコンピューターは持っていかないようにしましょう。**

▸ **おしゃべりをして時間を無駄にしないようにしましょう。**

29 受け身の表現（受動態）

Step2 - 57
Step3 - 58

動作や行為は、それを「した」側（動作主）からだけでなく、相手がいる場合はその動作や行為を「された」側から描くこともできます。受け身の表現（受動態）とは、「された」ほうの立場から描くものです。

行為を「した」側から描く場合、その話し手の関心は「誰が」それをしたのか、という点にあります。これに対して受け身の表現では、関心はその行為を「された」側にあります。

Step 1

たとえば"This school was built in 1882."「この学校は1882年に建てられました」という場合、関心は「この学校」が「いつ」建てられたかにあるのです。"Someone built this school in 1882."「誰かがこの学校を1882年に建てた」とも表現できますが、奇妙に感じられてしまいます。

Step 2

1. Where were you born?
2. When were you born?
3. I was born in Los Angeles.
4. This play was written by William Shakespeare.
5. This sweater was made in Peru.
6. The house was damaged by a hurricane.
7. The streets are cleaned every night.

Step 3

1. Where were the boys born?
2. When was she born?
3. She was born in 1983.
4. This song was written by Sting.
5. This scarf was made in Italy.
6. His office was damaged by a typhoon.
7. The offices are cleaned every night.

Round 1 □	Round 2 □	Round 3 □	Round 4 □	Round 5 □	Round 6 □
月　日	月　日	月　日	月　日	月　日	月　日

受け身の表現

```
主語 + be動詞 + 過去分詞 ....
         (過去形を含む)
```

▸ ご出身はどちらですか？

▸ お生まれはいつですか？

▸ 私はロサンゼルス生まれです。《I am born とは言わない》

▸ この戯曲を書いたのはウィリアム・シェークスピアです。

▸ このセーターはペルー産です。

▸ この家はハリケーンの被害を受けました。

▸ 道路は毎晩清掃されます。

▸ あの少年たちの出身はどこですか？

▸ 彼女が生まれたのはいつですか？

▸ 彼女は1983年生まれです。

▸ この歌を書いたのはスティングです。

▸ このスカーフはイタリア産です。

▸ 彼の会社は台風の被害を受けました。

▸ 事務所は毎晩清掃されます。

30 get の用法

Step2 - 59
Step3 - 60

動詞getには多くの意味があります。よく使われるものとして、**(1)**「買う」、もしくは「受け取る」。**(2)**「(バスや列車や飛行機など)交通機関を利用する(乗る)」という意味があります。

(3) また、getの後ろに何かの状態を示す言葉、つまり形容詞などをつけると、「(その状態に)なる」という意味になります。get married(結婚している状態になる→結婚する)、get dressed(服を着ている状態になる→服を着る)、get lost(道に迷った状態になる→道に迷う)、get tired(疲れた状態になる→疲れる)など、広くさまざまな意味をgetを用いて表すことが可能です。また、getを位置や方向を示す前置詞や副詞と用いると「目的地に着く」という意味になります。

Step 1

Step 2

1. I **got** a sweater at the boutique. **(1)**
2. He just **got** an emergency call.
3. I want to **get** an express train. **(2)**
4. It was cold, so I **got** a taxi.
5. They **got** married in October in California. **(3)**
6. I **got** lost in the strange city.
7. When did you **get** in?

Step 3

1. I **got** a map at the bookshop.
2. We just **got** an emergency call.
3. We wanted to **get** an express.
4. It was close, so I **got** a bus.
5. He **got** married in November in California.
6. I always **get** lost in strange cities.
7. What time did you **get** in?

Round 1 □	Round 2 □	Round 3 □	Round 4 □	Round 5 □	Round 6 □
月　日	月　日	月　日	月　日	月　日	月　日

getの用法

```
get  ① 買う、受け取る
     ② 乗る
     ③ (その状態に) なる
```

▸ ブティックでセーターを買いました。(1)

▸ 彼は緊急の呼び出しを受けました。

▸ 急行列車に乗りたいんです。(2)

▸ 寒かったので、タクシーに乗りました。

▸ 彼らは10月にカリフォルニアで結婚しました。(3)

▸ 私は知らない町で道に迷いました。

▸ いつ到着したんですか？

▸ 本屋で地図を買いました。

▸ 私たちは緊急の呼び出しを受けました。

▸ 私たちは急行に乗りたかったのです。

▸ 近かったので、バスに乗りました。

▸ 彼は11月にカリフォルニアで結婚しました。

▸ 私は知らない町でいつも道に迷います。

▸ 何時に到着したんですか？

毎日の急所 2 数えられる名詞と数えられない名詞 Column

英語の世界では、モノは「数えられるモノ」と「数えられないモノ」に分けて認識されます。そして名詞、つまりモノの名前もその認識に従って異なった表現の仕方をされます。

例えば、"I need to buy some rice." と「米」を漠然とした形で述べることはできますが、その rice そのものの「数」や「量」を示す方法はありません。犬が3匹いる、などという場合と異なって、米粒を数えることでその数量を示すのは、非現実的です。水のように、個数を数えること自体が不可能なモノもあります。

そこで英語では、これらを「数えられない名詞（不可算名詞）」としたうえで、a bottle of water（1瓶の水）、a kilo of rice（1キロの米）、a can of beer（1缶のビール）などと数えられる名詞（可算名詞）を用いた単位に移し替えてその量を示そうとします。

また、英語で「ジーンズ1本」を a pair of jeans と表すように前に必ず "a pair of…" をつけなくてはならない単語があります。

a pair of glove	手袋1組
a pair of shorts	半ズボン1着
a pair of trousers	ズボン1着
a pair of slacks	スラックス1着
a pair of shoes	靴1足
a pair of socks	靴下1足
a pair of scissors	ハサミ1本

主な不可算名詞　Uncountable

rice	米	information	情報
water	水	equipment	機器
salt	塩	furniture	家具
air	空気	knowledge	知識
beer	ビール	music	音楽
gold	金	weather	天候
money	金	homework	宿題
news	ニュース		

可算名詞　Countable 化した表現

a bottle of [water, cola, beer, perfume]	水1瓶、コーラ1本、ビール1本、香水1本
a cup of [coffee]	コーヒー1杯
a glass of [water, milk]	水1杯、牛乳1杯
a kilo of [rice]	米1キロ
a pound of [grapes]	ぶどう1ポンド
a piece of [paper, cheese, news, music]	紙1枚、チーズ1かけら、ニュース、1曲
a carton of [milk]	牛乳1パック
a bar of [soap, chocolate, gold]	石鹸1個、チョコレート1枚、金1本
a tube of [toothpaste]	歯磨き粉1本
a loaf of [bread]	パン1斤
a bowl of [rice, soup]	ごはん1膳、スープ1杯
a jar of [jam, honey]	ジャム1瓶、はちみつ1瓶

31 所有を示す代名詞 my、mine

Step2 - 61
Step3 - 62

Step 1

my、your、his、her、our、their、its などは代名詞の「所有格」と呼ばれ、それぞれ後ろに名詞を従えて「～の（もの）」という所有を示すために用いられます。

ただし、「所有」と言っても物理的にものを所有していることだけを意味しません。それ以外にhis sister（彼の姉・妹：人間関係を示す）、your honesty（あなたの誠意：属性を示す）、their third victory（彼らの第3の勝利：行為の主体を示す）などさまざまなつながりを表します。

またmine、yours、his、hers、ours、theirsは所有代名詞として「～のもの」と所有者と所有物の双方を示します。

Step 2

1. **My** friend is working in New York.
2. That electronic dictionary is **mine**.
3. Did you enjoy **your** vacation?
4. He's away from **his** desk right now.
5. We presented **our** mid-term plan.
6. I asked for **their** contact addresses.
7. Venice is known for **its** gondolas.

Step 3

1. **My** brother is living in New York.
2. The green umbrella is **mine**.
3. Did you finish **your** homework?
4. He's away from **his** office right now.
5. We discussed **our** mid-term plan.
6. We asked for **their** cooperation.
7. Ginza is known for **its** fancy stores.

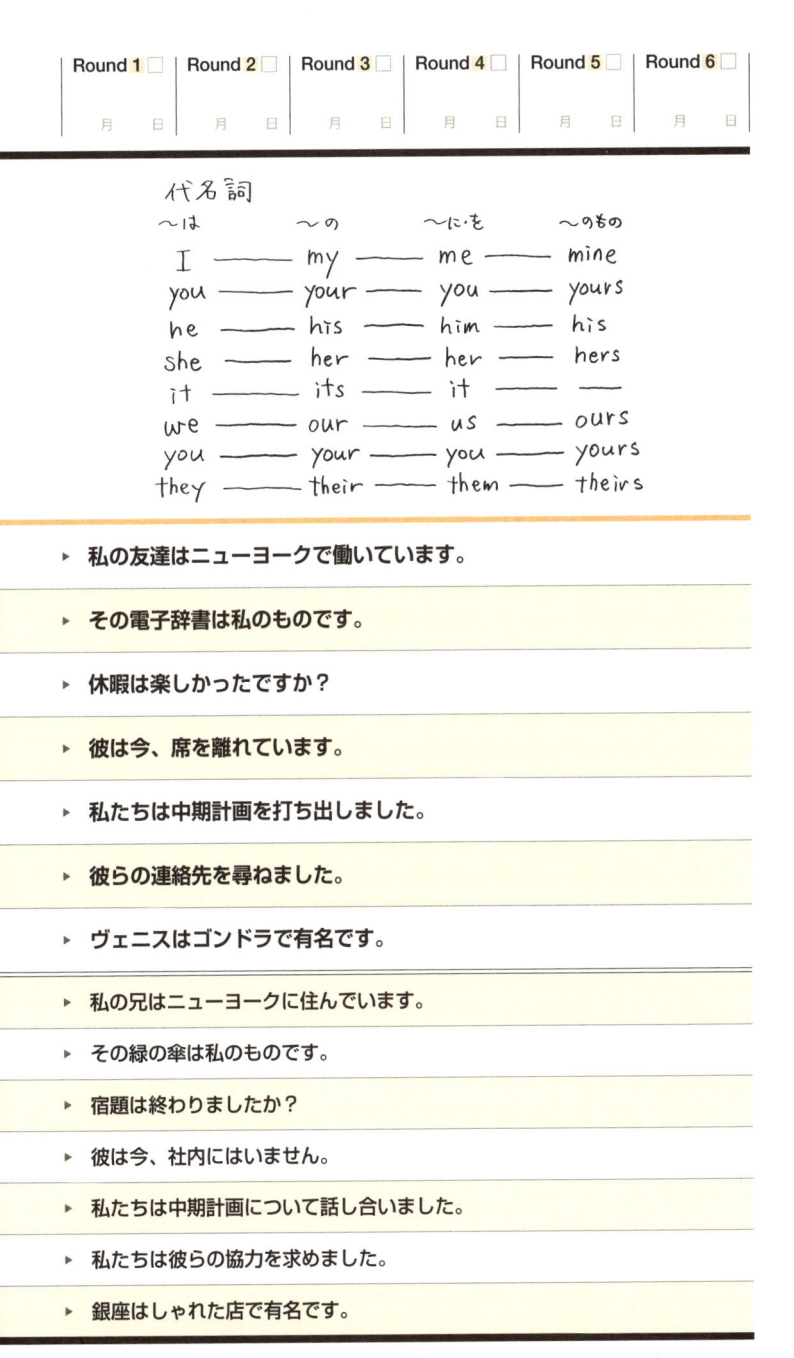

Round 1 ☐	Round 2 ☐	Round 3 ☐	Round 4 ☐	Round 5 ☐	Round 6 ☐
月　　日	月　　日	月　　日	月　　日	月　　日	月　　日

代名詞

~は	~の	~に・を	~のもの
I	my	me	mine
you	your	you	yours
he	his	him	his
she	her	her	hers
it	its	it	—
we	our	us	ours
you	your	you	yours
they	their	them	theirs

▸ 私の友達はニューヨークで働いています。

▸ その電子辞書は私のものです。

▸ 休暇は楽しかったですか？

▸ 彼は今、席を離れています。

▸ 私たちは中期計画を打ち出しました。

▸ 彼らの連絡先を尋ねました。

▸ ヴェニスはゴンドラで有名です。

▸ 私の兄はニューヨークに住んでいます。

▸ その緑の傘は私のものです。

▸ 宿題は終わりましたか？

▸ 彼は今、社内にはいません。

▸ 私たちは中期計画について話し合いました。

▸ 私たちは彼らの協力を求めました。

▸ 銀座はしゃれた店で有名です。

32 代名詞（再帰代名詞） myself

Step2 - 63
Step3 - 64

Step 1

1つの文の中で動作や行為を行う主体と、その動作や行為の対象である客体が同じ場合があります。日本語では「彼は彼自身を憎んだ」などと表現しますが、英語ではこの「〜自身」と同様、**代名詞に -self/-selves をつけた形**を用います。

自分のした行為が自分自身に帰ってきて影響をもたらすことから、これらの代名詞は「再帰代名詞」と呼ばれます。

辞書などでは、この「再帰代名詞」は、まとめてoneselfとして示されています。たとえばby oneselfという表現には「ひとりで、独力で」などの意味がありますが、実際の文では、herself、them selvesなど主語に合わせた形で用います。

Step 2

1. Please let me introduce **myself**.
2. I really enjoyed **myself**.
3. We really enjoyed **ourselves**.
4. Please make **yourself** at home.
5. Please help **yourself**.
6. I fell and hurt **myself**.
7. She cut **herself** on a broken plate.

Step 3

1. Please introduce **yourself**.
2. She really enjoyed **herself**.
3. They really enjoyed **themselves**.
4. Please make **yourselves** at home.
5. Please help **yourselves** to coffee and tea.
6. He fell and hurt **himself**.
7. I cut **myself** on a rock.

Round 1 ☐	Round 2 ☐	Round 3 ☐	Round 4 ☐	Round 5 ☐	Round 6 ☐
月　　日	月　　日	月　　日	月　　日	月　　日	月　　日

再帰代名詞

～は	～の	～にを	～のもの	～自身
I	my	me	mine	myself
you	your	you	yours	yourself
he	his	him	his	himself
she	her	her	hers	herself
it	its	it	—	itself
we	our	us	ours	ourselves
you	your	you	yours	yourselves
they	their	them	theirs	themselves

▸ **自己紹介させてください。**

▸ **本当に楽しかったです。**

▸ **私たちはとても楽しく過ごしました。**

▸ **どうぞおくつろぎください。**

▸ **ご自由に召し上がってください。**《特にパーティーでホストが来客に》

▸ **転んでけがをしました。**

▸ **彼女は割れた皿でけがをしました。**

▸ **自己紹介してください。**

▸ **彼女は大いに楽しく過ごしました。**

▸ **彼らは大いに楽しく過ごしました。**

▸ **どうぞおくつろぎください。**

▸ **コーヒーも紅茶もご自由に召し上がってください。**

▸ **彼は転んでけがをしました。**

▸ **石につまずいてけがをしました。**

毎日の急所

3 冠詞の基礎

Column

日本語には「冠詞」というものはありません。ましてや「不定冠詞」と呼ばれる a や an と、「定冠詞」と呼ばれる the の区別など、日本語を母語とするものには実になじみがたい考え方で、その使い分けに苦労するのはむしろ当然といっても良いかもしれません。

まず、a/an の場合は一般的なモノとしてその名前を示そうとするときに用いられます。たとえば a student という場合、誰か特定の学生を指している、もしくは念頭に置いている訳ではありません。学生といっても様々な学生がいますが、そのような差異を意識する以前のものとして漠然と「一人の学生」を示しているのです。

I'm an engineering student.
▶ 私は工学部の学生です

Chromium is a hard white metal.
▶ クロムは白金の重金属です

Influenza is a contagious viral infection.
▶ インフルエンザはうつりやすいウイルス感染症です

漠然と一般的にモノを示す、ということで a/an は「不定」冠詞と呼ばれますが、それに対して「定」冠詞である the は、同種の中から特定の、個別のモノを指すときに使われます。a/an ではなく the を使う場合としては以下のようなものが挙げられます。

(1) すでに話に出ている特定のモノについて述べる場合

たとえばグループの中のある学生について話をしたあとで、同じ学生についてまた言及する場合は the student となります。つまり「さっき話したあの学生」という意味になり、それを聞くほうも「ああ、あの学生ね」と誰の事かわかり、そしてお互い（たとえ名前を知らなくとも）その特定の学生について the student として話を続けることができる訳です。もしここで a student というと、それは「（さっき話したのとはまた別の）学生」ということになってしまいます。a/an をつけるということは、前に話していない、はじめて取り上げる学生、という意味を持つといっても良いでしょう。

(2) たとえ前に話に出てはいなくとも、その場の状況から話し手も聞き手もそれが「どれ」を指すのか明らかに理解できる場合

たとえば教室にいて、そこに黒板が１つしかなければ、それを the blackboard と the をつけて呼びます。逆にそのような状況で a blackboard と不定冠詞をつけていえば、特定の（その教室にある）黒板ではなく、黒板「一般」を意味していることになります。たとえば日本や英国では現在の首相を指すときは the prime minister と the をつけますが、これは同時に２人の首相が在任しているなどということはありえないからです。もし a prime minister といえば、それは現在だけではなく過去や、さらには未来の首相も含んだ、首相という役職一般を指していることになります。

(3) 状況にかかわらず、１つしかないことがわかっているもの

たとえば地球や地球にとっての月や太陽は１つしかありません。この場合は個別のものしかないわけですから、the earth/moon/sun と定冠詞をつけます。

(1)(2)(3)と分けましたが、そのすべてに共通しているのは、どの個体（個人）を指しているのか、話し手と聞き手がお互いすぐ理解できる場合は、the が用いられるという点です。

Let's take the express.
▶ その特急に乗りましょう

I reached the hotel at 6:30.
▶ 私はそのホテルに 6 時 30 分に着きました

The professor was late for class.
▶ その教授は授業に遅れました

I'll be out of the office all day.
▶ 私は 1 日中社外におります

Write your name at the top.
▶ 一番上に名前を書いてください

I use the Internet every day.
▶ 私は毎日インターネットを使います

The environment is affected by global-warming.
▶ その環境は地球温暖化の影響を受けています

Articles (よく目にする例外)

冠詞についての基本的なルールを説明しましたが、ほとんどの冠詞はこのルールに従って用いられるものの、それに当てはまらない例外もあります。本書ではすべての文法事項を扱うわけではありませんし、また文法の例外をすべて取り上げることもできません。大切なのは英語でコミュニケーションができるようになることです。たとえ文法で間違いをしても、それがお互いの理解の上で致命的な事態を起こさなければいいわけです。その点をお断りしたうえで、ここでは冠詞について最もよく目にする例外と特殊な用法についていくつか紹介します。

the をつけるもの

一部の国名

the United States of America [the U.S. / the U.S.A]	アメリカ合衆国
the United Kingdom [the U.K.]	イギリス
the Dominican Republic	ドミニカ共和国
the Republic of South Africa	南アフリカ共和国
the Netherlands	オランダ

建設物・ホテル・美術館など

the Empire State Building	エンパイアステートビル
the Eiffel Tower	エッフェル塔
the Tower of London	ロンドン塔
the Metropolitan Museum of Art	メトロポリタン美術館
the Rialto Bridge	リアルト橋
the Rainbow Bridge	レインボーブリッジ
the Hilton Hotel	ヒルトンホテル
the Museum of Modern Art	近代美術館

海・川・運河

the Atlantic Ocean	大西洋	the Gulf of Mexico	メキシコ湾
the Pacific Ocean	太平洋	the Inland Sea	瀬戸内海
the Amazon River	アマゾン川	the Sea of Japan	日本海
the Arakawa River	荒川	the English Channel	イギリス海峡

建設物② 地名が前につくと the をつけない

Tokyo Tower	東京タワー
Tokyo Sky Tree	東京スカイツリー
London Bridge	ロンドンブリッジ

山脈・山岳地方

the Rocky Mountains	ロッキー山脈
the Japan Alps	日本アルプス

the をつけないもの

湖

Lake Biwa	琵琶湖

山

Mt. Fuji	富士山
Mt. Everest	エベレスト

33 manyとmuch

Step 1

manyとmuchは名詞の前につけてともにそれが「多い」ことを示します。manyは**数えられる名詞**（可算名詞）の複数形の前に用いられて**「数」の多さ**を示し、muchはtime、food、moneyなど**数えられない名詞**（不可算名詞）の前に用いられて**「量」の多さ**を表します。

ただし、muchが使われるのは否定文と疑問文に限られており、肯定文ではほとんど使われません。その代わりにa lot ofが使われます。

数えられる名詞（可算名詞）と数えられない名詞（不可算名詞）の区別は、日本語にはないもので、なかなかなじみにくいところがあります。右の図のイメージを頭に入れたうえで、例文から具体的な使い分けを学んでください。

Step 2

1. **Many** people visit Meiji Shrine.
2. **Many** museums are closed on Mondays.
3. She found **many** interesting paintings to buy.
4. Do you have **much** free time on Saturdays?
5. I don't have **much** money for clothing.
6. We don't have **much** information about tours.
7. There isn't **much** sense in worrying.

Step 3

1. **Many** foreigners visit Asakusa.
2. **Many** shops are closed on Sundays.
3. She bought **many** interesting souvenirs.
4. Does he have **much** free time on Sundays?
5. I don't have **much** overtime work.
6. He doesn't have **much** information about movies.
7. There isn't **much** sense in planning ahead.

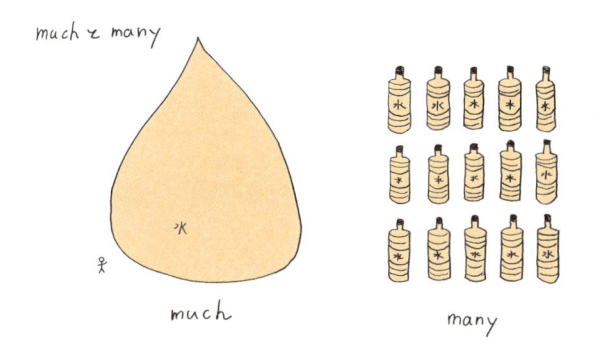

Round 1 ☐	Round 2 ☐	Round 3 ☐	Round 4 ☐	Round 5 ☐	Round 6 ☐
月　　日	月　　日	月　　日	月　　日	月　　日	月　　日

much と many

much

many

- 多くの人が明治神宮を訪れます。
- 多くの博物館は月曜日が休館日です。
- 彼女は買いたいと思う面白い絵を何点も見つけました。
- 土曜日にはかなり時間がありますか？
- 服にかけるお金はあまりありません。
- 私たちはツアーについてあまり知りません。
- 心配してもあまり意味はありません。

- 多くの外国人が浅草を訪れます。
- 多くの店は日曜日が休みです。
- 彼女は面白いお土産をたくさん買いました。
- 彼は日曜日にはかなり時間がありますか？
- 残業はあまりしません。
- 彼は映画についてはあまり知りません。
- 前もって計画を立ててもあまり意味はありません。

34 とても便利な a lot of

Step2 - 67
Step3 - 68

Step 1

a lot of は、数えられる名詞にも数えられない名詞にも用いることができます。

可算名詞か不可算名詞か迷ったときには、無理をしてmany/muchを使うことはありません。a lot of を使えば良いのです。また、前の項目で述べたように、肯定文では、muchの代わりに使われます。

a lot ofは、**加算名詞、不加算名詞、肯定文、否定文、疑問文の何にでも使える**とても便利な表現です。

また、a lot ofの代わりにlots ofを用いることがあります。こちらもほぼ同じ意味を持ち、同じように使うことができます。これも覚えておくと良いでしょう。

Step 2

1. I drink a lot of coffee every day.
2. I took a lot of photos in London.
3. I don't need a lot of possessions.
4. I get a lot of news from the Internet.
5. Do you have a lot of baggage?
6. A lot of tourists buy souvenirs.
7. He won a lot of money gambling.

Step 3

1. She drinks a lot of water every day.
2. We took a lot of photos in Berlin.
3. I didn't need a lot of money.
4. They get a lot of news from friends.
5. Does she have a lot of baggage?
6. A lot of visitors look for souvenirs.
7. They lost a lot of money gambling.

とても便利な a lot of

> a lot of は、数えられる名詞にも数えられない名詞にも、使うことができる

- 私は毎日コーヒーをたくさん飲みます。
- ロンドンで写真をたくさん撮りました。
- 物はたくさんいりません。
- インターネットから多くのニュースを得ています。
- 手荷物はたくさんありますか？
- 多くの観光客が土産物を買います。
- 彼はギャンブルで大儲けしました。

- 彼女は毎日水をたくさん飲みます。
- 私たちはベルリンで写真をたくさん撮りました。
- お金はそれほどいりませんでした。
- 彼らは友達から多くのニュースを得ています。
- 彼女には荷物がたくさんありますか？
- たくさんの観光客が土産物を探します。
- 彼らはギャンブルで大損しました。

35 some と any

Step 1

someは肯定文で用いられ、anyは否定文・疑問文で用いられます。
しかし、疑問文でも相手に何か提供する、申し出る文のときにはsomeを用います。つまり"Would you like some sweets?"とsomeを用いる場合は、純粋に菓子がいるかどうかを尋ねているのではなく、お菓子はどうですか、と勧めているのです。
これに対してanyの場合は、「いくらか（で）も…」という意味合いを含んでいると考えてください。疑問文の場合は「いくらかでも…あるでしょうか」という意味になり、また、否定文でnotの後ろでanyが使われると、「いくらかも…ない」＝「まったくない」という意味になります。

Step 2

1. I have some photos of my family.
2. We ate some delicious local food.
3. Would you like to hear some music?
4. Are you interested in some fruit juice?
5. Do you have any books on history?
6. I don't have any time for studying.
7. She doesn't drink any beer or wine.

Step 3

1. She has some photos of her family.
2. We ate some delicious Russian food.
3. Would you like to hear some jazz?
4. Are you interested in some wine?
5. Do you have any guides to London?
6. We don't have any time for discussion.
7. We don't drink any alcohol.

Round 1 ☐	Round 2 ☐	Round 3 ☐	Round 4 ☐	Round 5 ☐	Round 6 ☐
月　日	月　日	月　日	月　日	月　日	月　日

Some と any

some / any

- ▸ 家族の写真を何枚か持っています。
- ▸ 私たちはおいしい地方料理を食べました。
- ▸ 何か音楽を聞きたいですか？
- ▸ フルーツジュースはどうですか？
- ▸ 歴史の本は何か持っていますか？
- ▸ 勉強する時間がまったくありません。
- ▸ 彼女はビールもワインもまったく飲みません。

- ▸ 彼女は家族の写真を何枚か持っています。
- ▸ 私たちはおいしいロシア料理を食べました。
- ▸ 何かジャズを聞きたいですか？
- ▸ ワインはどうですか？
- ▸ ロンドンのガイドブックは置いていますか？
- ▸ 私たちには議論する時間がまったくありません。
- ▸ 私たちはお酒をまったく飲みません。

36 plenty of、littleとa little、fewとa few

))) Step2-71
Step3-72

Step 1

plenty of はtime、money、space など数えられない名詞の前に使われて「多くの」という意味になります。

littleとa little、また fewとa fewは、大きく意味が違います。まずlittleとa littleはともに数えられない名詞に用います。littleは**「ほとんどない」**という否定的な意味合いです。もしあなたがほとんどお金を持っていない場合、have little moneyとなります。対して、a littleの場合は**「多くはないけれど少しはある」**と肯定的な面を強調する意味を持ち、have a little moneyの場合は、「裕福ではないけれど、なんとかやっていける」ということになります。同じことが、数えられる名詞に用いるfew（ほとんどない）とa few（少しある）についてもいえます。

Step 2

1. We have **plenty of** time for discussion.
2. They have **plenty of** new ideas.
3. I've got **a little** money in savings.
4. We have **a little** break between meetings.
5. We have **little** money for travel.
6. I have **a few** friends in Atlanta.
7. She has **few** friends to consult with.

Step 3

1. I have **plenty of** time for sports.
2. She has **plenty of** new ideas.
3. He's got **a little** money in savings.
4. We had **a little** break between discussions.
5. I had **little** money for travel.
6. They have **a few** relatives in Atlanta.
7. I have **few** friends to depend on.

Round 1	Round 2	Round 3	Round 4	Round 5	Round 6
月　　日	月　　日	月　　日	月　　日	月　　日	月　　日

little と a little, few と a few

little water　　a little water　　few people　　a few people

- 私たちには議論する時間はたっぷりあります。
- 彼らには新しいアイデアがたくさんあります。
- 貯金は少しあります。
- 会議の間に少し休憩します。
- 私たちには旅行するお金がほとんどありません。
- アトランタに友達が数人います。
- 彼女には相談する友達がほとんどいません。
- 私にはスポーツをする時間はたっぷりあります。
- 彼女には新しいアイデアがたくさんあります。
- 彼には貯金が少しあります。
- 私たちは議論の間に少し休憩しました。
- 私には旅行するお金がほとんどありませんでした。
- 彼らにはアトランタに親戚が数人います。
- 私には頼りにできる友達がほとんどいません。

37 名詞の前のnoとnone of

Step2 - 73
Step3 - 74

I have no money.（お金が全くない）というように、名詞の前にnoをつけるとそれが「ない」という否定の意味になります。
この場合、moneyはごく一般的な概念として用いられています。「お金というものをとにかく持っていない」ということです。

Step 1
それに対して、名詞の前にthe、this、that、those、my、ourなどそれが特定（限定）されたものであることを表す表現（代名詞、定冠詞など）がついている場合は、ofを加え、さらにnoではなくnoneを用いて"None of the buildings in the area were destroyed."（その地域の建物は1つも破壊されていない）などと表し、「その〜のうち1つとして…ない」という意味になります。

Step 2
1. I have no time to spare for cooking.
2. I have no interest in model cars.
3. No rental cars are available this week.
4. I have friends, but none are working.
5. None of us speak Arabic.
6. None of my friends have a car.
7. None of the medicines work well.

Step 3
1. He has no time to study.
2. I have no interest in cooking lessons.
3. No rooms are available next week.
4. She has friends, but none are working.
5. None of them speak Russian.
6. None of our friends own a car.
7. None of the cafes open on Sunday.

Round 1 ☐	Round 2 ☐	Round 3 ☐	Round 4 ☐	Round 5 ☐	Round 6 ☐
月　　日	月　　日	月　　日	月　　日	月　　日	月　　日

no と none of

```
no + 名詞

none of + 特定の人・物
```

▸ 料理をする時間が全くありません。

▸ モデルカーには全く興味がありません。

▸ 今週は利用できるレンタカーは１台もありません。

▸ 友達がいますが、みんな働いていません。

▸ 私たちの誰もアラビア語は話せません。

▸ 私の友達は誰も自動車を持っていません。

▸ どの薬もあまり効きません。

▸ 彼には勉強する時間が全くありません。

▸ 料理の授業には全く興味がありません。

▸ 来週は満室です。

▸ 彼女には友達がいますが、みんな働いていません。

▸ 彼らの誰もロシア語は話せません。

▸ 私たちの友達は誰も車を持っていません。

▸ 日曜日はどのカフェも開いていません。

38 eachとeveryの違い

Step2 - 75
Step3 - 76

Step 1

eachとeveryは、意味は似ていますが、使える場合が違います。
たとえばevery peopleとかevery car と表現する場合、関心はその人や車の集合体について「例外がない」点に向かっています。つまり「一人残らずすべて」「1台残らずすべて」という意味合いを帯びます。また、everyはもっぱら数が多いものに対して用いられます。
それに対してeachを使った場合、その関心は個々のあり方を述べることにあり、また、比較的少ない数のものについて使われます。たとえば "Each dish on the dining table has the same design." と表現した場合は、テーブルの上の皿を1つ1つ確認していったが、そのどれを見ても模様が同じだった、というようなニュアンスを感じさせます。

Step 2

1. **Each** baseball team has nine players.
2. **Each** chef has her own specialty.
3. Check **each** answer carefully.
4. **Every** student has to do the assignments.
5. **Every** employee has a laptop computer.
6. In February, **every** day is cold and dry.
7. I read an hour **every** night.

Step 3

1. **Each** football team has 11 players.
2. **Each** writer has his own style.
3. Check **each** part carefully.
4. **Every** employee has to show ID.
5. **Every** office has its own atmosphere.
6. In Hawaii, **every** day is usually warm.
7. I work out an hour **every** day.

Round 1 ☐	Round 2 ☐	Round 3 ☐	Round 4 ☐	Round 5 ☐	Round 6 ☐
月　日	月　日	月　日	月　日	月　日	月　日

each と every

each　　　　　　　　　every

- 各野球チームには選手が9人います。
- どのシェフにも得意料理があります。
- それぞれの答えを注意深く見直してください。《1つずつを強調している》
- すべての生徒は宿題をしなければいけません。
- 全従業員がラップトップコンピューターを持っています。
- 2月は毎日寒くて乾燥しています。
- 私は毎晩1時間読書をします。

- 各サッカーチームには選手が11人います。
- どの作家にも独自のスタイルがあります。
- それぞれのパートを確認してください。
- 全従業員はIDカードを提示しなければいけません。
- どの会社にもそれぞれの雰囲気があります。
- ハワイは毎日たいてい暖かいです。
- 私は毎日1時間運動します。

39 説明を加える関係詞

Step2 - 77
Step3 - 78

名詞や代名詞の後にwhoやwhich、that といった言葉をつけることで、その後ろに、文章で説明を加えることができます。
このときwho、which、thatなどのつなぐ言葉を「関係詞」と呼びます。
関係詞や関係節にはもっとさまざまな種類がありますが、ここでは、例文を見てどのように「継ぎ足した説明の文章」が関係詞の前の名詞を説明(修飾)しているか、そのつながり方を確認してみてください。
なお、説明(修飾)しようとする名詞が「人」ならばwho、「もの」ならばwhichを関係詞として使います。
またthatの場合は「人」と「もの」双方に使えます。

Step 1

Step 2

1. I met a man who lives in Alaska.
2. I have a friend who fixes computers.
3. The person who called will call again.
4. The river which we crossed is the Rhine.
5. The shop which I pass daily sells tea.
6. I met people that play jazz.
7. The film that I saw won an award.

Step 3

1. We met a man who lives in Sapporo.
2. I have a brother who repairs cars.
3. The man who called will call again.
4. The road which we crossed is Highway 66.
5. The shop which I pass daily sells cake.
6. I met people that make pottery.
7. The concert that we attended was excellent.

Round 1 ☐	Round 2 ☐	Round 3 ☐	Round 4 ☐	Round 5 ☐	Round 6 ☐
月　日	月　日	月　日	月　日	月　日	月　日

関係詞

```
who:   説明する名詞が人の場合
which: 説明する名詞が物の場合
that:  説明する名詞が人・物どちらでも使える
```

- アラスカに住んでいる人に会いました。
- コンピューターを修理している友達がいます。
- 電話をかけてきた人はまたかけ直してくれるでしょう。
- 私たちが渡った川はライン川です。
- 私が毎日前を通っている店は紅茶の店です。
- ジャズの演奏家たちに会いました。
- 私の見た映画は賞を受けました。

- 私たちは札幌に住んでいる人に会いました。
- 車の修理をしている兄がいます。
- 電話をかけてきた男性はかけ直してくれるでしょう。
- 私たちが渡った道路は66号線です。
- 私が毎日前を通っている店はケーキ屋です。
- 陶器をつくる人たちに会いました。
- 私たちが行ったコンサートはすばらしかったです。

40 前置詞①
時間的位置を示す at

🔊
Step2 - 79
Step3 - 80

前置詞は基本的に時間的、または空間的な「位置」や「関係」を表すときに用いられます。
ここではまず時間を示すのに使われる前置詞を取り上げましょう。
at は、次のような場合に使われます。

Step 1
(1) at 8 o'clock、at 4:30 などの時刻。この場合は時間上の1点を示すために用いられます。

(2) at night（夜に）、at midnight（真夜中に）、at noon（正午に）、at the moment（その瞬間に）、at present（現在）などその他の時間表現で用いられる場合。(2)についてはそれぞれ覚えてしまってください。

Step 2

1. We are going to meet at 8 o'clock.
2. The shuttle bus leaves at 4:30.
3. The concert starts at 7:30.
4. No tickets are available at present.
5. Let's meet at the cafeteria at noon.
6. Is this area safe at night?
7. How about meeting Monday at 2:30?

Step 3

1. They are going to meet at 6:00.
2. Our train leaves at 4:30.
3. The performance begins at 7:30.
4. No seats are available at the moment.
5. Let's eat at the cafeteria at noon.
6. Is this area busy at Christmas?
7. How about meeting Friday at 3:30?

Round 1 ☐	Round 2 ☐	Round 3 ☐	Round 4 ☐	Round 5 ☐	Round 6 ☐
月　　日	月　　日	月　　日	月　　日	月　　日	月　　日

時間的位置を示す at

at 8 o'clock

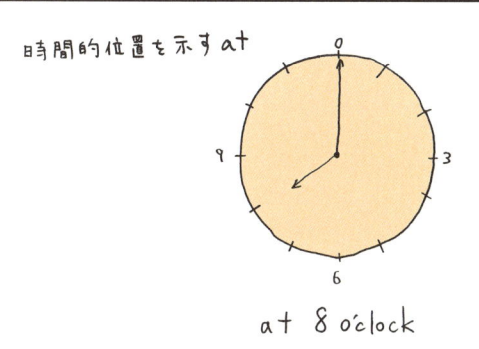

- 私たちは8時に会うつもりです。
- シャトルバスは4時半に出発します。
- コンサートは7時半に始まります。
- 現在、チケットはすべて売り切れています。
- 正午にカフェテリアで会いましょう。
- この地域は夜は安全ですか？
- 月曜日の2時半に会うのはどうですか？

- 彼らは6時に会うつもりです。
- 私たちが乗る電車は4時半に出発します。
- 7時半に開演です。
- 現在、満席です。
- 正午にカフェテリアで食事をしましょう。
- この地域はクリスマスには混みますか？
- 金曜日の3時半に会うのはどうですか？

41 前置詞② 時間的位置を示すonとin

Step 1

onは、(1) on Sunday（日曜に）、on January 16th（1月16日に）、on New Year's Day（元日に）など「曜日」「月日」「1年の特定の日」、(2) on Friday morning（金曜の朝に）、on Sunday evening（日曜の夕方に）など1週間の特定の日の朝昼晩などを示す場合に使われます。

inは、(1) in the morning（朝に）、in the afternoon（午後に）、in the evening（夕方に）など、一般的に朝昼晩を指す場合、(2) in April（4月に）など月、(3) in 1957（1957年に）など年、(4) in spring（春に）など季節を指すときに用いられます。例文を通じて、言い回しとして覚えてしまいましょう。

Step 2

1. I'll attend a wedding **on** January 10th.
2. Japanese visit shrines **on** New Year's Day.
3. Let's go shopping **on** Friday evening.
4. Do you work **in** the evenings?
5. Schools in Japan start **in** April.
6. Our mid-term plan ends **in** 2014.
7. The best time to travel is **in** spring.

Step 3

1. She'll attend a meeting **on** January 10th.
2. My family visits relatives **on** New Year's Day.
3. Let's go swimming **on** Saturday morning.
4. Do you do laundry **in** the evenings?
5. Schools in America start **in** August.
6. Their mid-term plan ends **in** 2015.
7. The worst time to travel is **in** June.

Round 1 ☐	Round 2 ☐	Round 3 ☐	Round 4 ☐	Round 5 ☐	Round 6 ☐
月　　日	月　　日	月　　日	月　　日	月　　日	月　　日

時間的位置を示す on と in

on	in
曜日、月日 一年の特定の日	一般的な朝昼晩 ex) in the morning 月　ex) in April
特定の日の朝昼晩 ex) on Sunday evening	年　ex) in 1957 季節　ex) in spring

- 1月10日に結婚式に参列します。

- 日本人は元日に神社にお参りします。

- 金曜の夜に買い物に行きましょう。

- 夕方は営業していますか？

- 日本の学校は4月に始まります。

- 我が社の中期計画は2014年に終了します。

- 旅をするのに最もよい時期は春です。

- 彼女は1月10日に会議に参加します。

- 私の家族は元日に親戚の家を訪ねます。

- 土曜日の午前中に泳ぎに行きましょう。

- 夜に洗濯をしますか？

- アメリカの学校は8月に始まります。

- 彼らの中期計画は2015年に終了します。

- 旅をするのに最も向いてない時期は6月です。

42 前置詞③ 空間的位置を示すat

Step2 - 83
Step3 - 84

Step 1

ある「地点」をピンポイントで指すような場合は、前置詞としてatが用いられます。
「その地点」の実際の広さには関係ありません。話し手によってその場所が、漠然と広がりを持った地域としてとらえられているのではなく、特定の「点」として意識されている場合は、atが使われる、ということです。
これに対して、"A lot of children were playing in the playground."（大勢の子どもが校庭で遊んでいました）というように、面積としては狭くとも、運動場という空間の広がりが意識されている場合は、atではなくinが用いられることがあります。

Step 2

1. I'll be at home all day.
2. She wasn't at work on Friday.
3. I majored in science at university.
4. Can you meet me at the airport?
5. Does this train stop at Cambridge?
6. Leave your key at the reception desk.
7. We met at a concert last year.

Step 3

1. I won't be at home all day.
2. The boss wasn't at work on Friday.
3. I'm majoring in science at university.
4. Could you meet me at the restaurant?
5. Does this bus stop at Fifth Avenue?
6. Pick up your key at the reception desk.
7. They met at a concert last month.

Round 1 ☐	Round 2 ☐	Round 3 ☐	Round 4 ☐	Round 5 ☐	Round 6 ☐
月　　日	月　　日	月　　日	月　　日	月　　日	月　　日

空間的
位置を示す
at

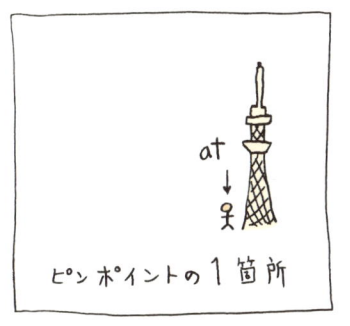

ピンポイントの1箇所

- **私は1日中家にいます。[学校に／職場に]**
- **彼女は金曜日には社内にいませんでした。**
- **私は大学で科学を専攻しました。**
- **空港で会えますか？**
- **この電車はケンブリッジに止まりますか？**
- **受付にカギを置いていってください。**
- **私たちは昨年、コンサートで会いました。**

- 私は1日中、出かけています。
- 上司は金曜日には社内にいませんでした。
- 私は大学で科学を専攻しています。
- レストランでお会いできますか？
- このバスは5番街に止まりますか？
- 受付でカギを受け取ってください。
- 彼らは先月、コンサートで会いました。

43 前置詞④ 空間的位置を示す in と on

Step2 - 85
Step3 - 86

Step 1

in は**立体的なものの「内部」**、あるいは**空間的に閉じられた境界の「内側」**に対象が存在することを示します。
(intoは、特定の空間の外部から内部のある１点へと移動する、その動きを表現します。たとえば "Let's go into this shop." という文では店という空間の外部から内部への移動が示されています)
それに対してonは何らかの**平面の上（表面）**にあることを示します。その平面が水平か垂直か、あるいは傾いているか、ということは関係ありません。天井にくっついていれば、やはりon the ceilingといいます。島や山などの表面、つまり「地表」にあるときもonが使われます。

Step 2

1. Is there a microwave in the room?
2. I rode in a taxi to the station.
3. The movie schedule is in the newspaper.
4. Put the "do not disturb" sign on the door.
5. The light on the ceiling isn't bright enough.
6. There's a mosquito on your arm.
7. Does this bus run on Johnston Street?

Step 3

1. Is there a microwave in the kitchen?
2. I rode in a shuttle to the station.
3. The concert schedule is in the newspaper.
4. Take off the sign on the door.
5. The light on the ceiling is bright enough.
6. There's a bug on your arm.
7. Does this streetcar run on Johnston Street?

Round 1 ☐	Round 2 ☐	Round 3 ☐	Round 4 ☐	Round 5 ☐	Round 6 ☐
月　日	月　日	月　日	月　日	月　日	月　日

空間的位置を示す in と on

in　　　　　　　　　on

- その部屋に電子レンジはありますか？

- 駅までタクシーに乗りました。

- 映画のスケジュールは新聞に載っています。

- 「起こさないでください」のサインをドアにかけてください。

- 天井の電灯は十分に明るいとはいえません。

- 腕に蚊がとまっていますよ。

- このバスはジョンストン通りに行きますか？

- キッチンに電子レンジはありますか？

- 駅までシャトルバスに乗りました。

- コンサートのスケジュールは新聞に載っています。

- サインをドアからはずしてください。

- 天井の電灯は十分に明るいです。

- 腕に虫がとまっていますよ。

- この路面電車はジョンストン通りに行きますか？

44 前置詞⑤ on time と in time

Step 1

on time は、あらかじめ予定を立てていてその予定通りに事が運んだ場合に用い、「定刻どおりに」、という意味になります。

in time の場合は、特に予定を立てていなかったが、何かに「間に合った」場合に用います。コンサートの時間とか列車の出発時間の「前に」着いたかどうか、ということを示すだけです。

また、定まった時間に「遅れてしまった」、あるいは「遅れている」場合は、behind time を用い、"This train is five minutes behind time."（この電車は5分遅れている）などと表現します。

Step 2

1. Our train arrived in Paris on time.
2. Our taxi reached the theater in time.
3. The project is progressing on time. [The project is on schedule].
4. Please be on time.
5. The 10:30 train left on time.
6. I'll be in time for the meeting.
7. I got to the station just in time.

Step 3

1. Our flight arrived in Narita on time.
2. Our taxi reached the stadium in time.
3. The construction project is on schedule.
4. We'll reach London on time.
5. The 9:00 bus left on time.
6. I won't be in time for lunch.
7. I left the station just in time.

Round 1 ☐	Round 2 ☐	Round 3 ☐	Round 4 ☐	Round 5 ☐	Round 6 ☐
月　日	月　日	月　日	月　日	月　日	月　日

on time と in time

> on time は「定刻通りに」
>
> in time は「間に合った」

▸ 私たちが乗った電車は時間どおりにパリに着きました。

▸ 私たちが乗ったタクシーは芝居が始まる前に劇場に着きました。

▸ 計画はスケジュールどおりに進んでいます。

▸ 定刻どおりにお願いします。

▸ その10時30分発の列車は定刻どおりに出発しました。

▸ 私はその会議に間に合うでしょう。

▸ 私はぎりぎりちょうどにその駅に着きました。

▸ 私たちが乗った飛行機は時間どおりに成田に着きました。

▸ 私たちが乗ったタクシーは試合が始まる前に球場に着きました。

▸ 建設計画はスケジュールどおりに進んでいます。

▸ 私たちは定刻どおりにロンドンに着くでしょう。

▸ その9時発のバスは定刻どおりに出発しました。

▸ 私は昼食に間に合いそうにありません。

▸ 私はぎりぎりちょうどにその駅を出発しました。

45 前置詞⑥ for、during、while の使い分け

Step 1

forは、ある行為や出来事が続いた時間の「長さ」を示したいときに用いられます（for 12 daysなど）。

duringは通常、名詞（もしくは名詞句）の前に置かれ、それがどのような期間であったかを示します（during summer vacation［夏休み中に］／during my absence［わたしの不在中に］など）。その期間の長さを述べようとするものではありません。

While の後には、動詞や完結した文が置かれ、"While Takeo was running around the park"（タケオが公園を走っている間）などと、何らかの行為や状態が持続している期間を示します。

Step 2

1. The exhibition will continue **for** three weeks.
2. I'd like to study abroad **for** a year.
3. Take careful notes **during** the presentation.
4. **During** the morning, I'll be out of my office.
5. I forgot about the time **while** shopping.
6. I read **while** waiting for the bus.
7. **While** you're gone, I'll answer phone calls.

Step 3

1. The show will continue **for** four days.
2. I'd like to travel abroad **for** a month.
3. Take good notes **during** the lecture.
4. **During** the lunch hour, I'll be here.
5. He forgot about the time **while** shopping.
6. I read **while** waiting for the train.
7. **While** you're here, look at these photos.

Round 1 ☐	Round 2 ☐	Round 3 ☐	Round 4 ☐	Round 5 ☐	Round 6 ☐
月　　日	月　　日	月　　日	月　　日	月　　日	月　　日

for, during, while の使い分け

> for は「その時間的長さ」を示す
>
> during は「その期間の内容」を示す
>
> while は「持続期間」を後ろの文か節で示す

- その展覧会は3週間行われます。
- 1年間、留学したいです。
- プレゼンの間にしっかりノートをとってください。
- 午前中は社内にいません。
- 買い物をする間、時間のたつのを忘れていました。
- バスを待つ間、読書をします。
- あなたが外出している間は私が電話に応対します。

- その芝居は4日間行われます。
- 1カ月間、旅をしたいです。
- 講義の間、しっかりノートをとってください。
- ランチタイムの間はここにいます。
- 彼は買い物をする間、時間のたつのを忘れていました。
- 電車を待つ間、読書をします。
- ここにいる間、こちらの写真を見てください。

46 前置詞⑦ 交通の手段を示すby

Step2 - 91
Step3 - 92

Step 1

by car、by taxi、by bus、by boat、by plane など、交通の「手段」を示す場合は、ほとんどの場合byを使います（このとき、carやbusなど交通機関を示す名詞には冠詞をつけません）。

ただし、「徒歩で」行く場合は、例外的に on foot を使い、"The museum is 10 minutes on foot."（その美術館は徒歩10分です）といいます。

これをby footとしても重大な間違いというわけではありませんが、奇妙に聞こえることは確かです。日本人に多い間違いです。

Step 2

1. It's more convenient to go **by** taxi.
2. Let's go to the airport **by** bus.
3. We'll travel to Vienna **by** plane.
4. The best way to see Canada is **by** train.
5. **By** subway it takes 15 minutes.
6. Can I send this **by** express mail?
7. You can go **by** underground or **on** foot.

Step 3

1. It's less convenient to go **by** train.
2. Let's go to the restaurant **by** taxi.
3. She'll travel to Vienna **by** rail.
4. The easiest way to see Canada is **by** train.
5. **On** foot it takes 15 minutes.
6. Can I send this **by** air mail?
7. You can go **by** subway or **on** foot.

交通の手段を示す by

```
by   交通の手段を示す場合
     ex) by bus, by train, by plane

※「徒歩で」の場合は on foot を使う
```

- タクシーで行くほうが便利ですよ。
- 空港にはバスで行きましょう。
- 私たちはウィーンには飛行機で行きます。
- カナダを見てまわる一番いい方法は電車です。
- 地下鉄では15分かかります。
- これを速達で送れますか？
- 地下鉄か徒歩で行けますよ。

- 電車で行くほうが不便です。
- レストランにはタクシーで行きましょう。
- 彼女はウィーンに電車で行きます。
- カナダを見てまわる一番楽な方法は電車です。
- 徒歩では15分かかります。
- これは航空便で送れますか？
- 地下鉄か徒歩で行けますよ。

47 前置詞⑧ 手段を示す by と with

Step2 - 93
Step3 - 94

Step 1

「〜によって」とか「〜を用いて」など手段や方法を示す場合、それが人間や人間の体の部分である場合にはbyを用い、モノ、つまり道具の場合はwithを使うのが一般的です。
ただしこれもあくまで原則であり、by phoneや例文にもある by credit cardのように、用いるものがモノであってもbyが使われることがあります。
またcredit cardの場合、「私のクレジットカードで」などと、誰のカードか示す場合は、with my credit cardなどとwithを用いるのが一般的です。
このような言い方は、用例に即して覚えていくしかありません。

Step 2

1. This cabinet was made **by** hand.
2. The cake was baked **by** my mother.
3. Payment may be made **by** credit card.
4. Open the lock **with** this key.
5. We cut down the tree **with** an axe.
6. He took photos **with** his smartphone.
7. She is able to eat **with** chopsticks.

Step 3

1. This quilt was made **by** hand.
2. These cookies were baked **by** my mom.
3. Charges may be made **by** credit card.
4. Open the door **with** this card key.
5. Dad cuts down trees **with** an axe.
6. We took photographs **with** our smartphones.
7. I'm not able to eat **with** chopsticks.

Round 1 □	Round 2 □	Round 3 □	Round 4 □	Round 5 □	Round 6 □
月　日	月　日	月　日	月　日	月　日	月　日

手段を示す by と with

> by: 人や人の体を使った手段・方法の場合
>
> with: 道具を使った場合

- この戸棚は手づくりです。
- このケーキは母が焼いたものです。
- お支払いにはおそらくクレジットカードが使えます。
- カギで錠を開けてください。
- 私たちはおのでその木を切り倒しました。
- 彼はスマートフォンで写真を撮りました。
- 彼女は箸で食べることができます。

- このキルトは手づくりです。
- このクッキーは母が焼いたものです。
- 料金の支払いにはおそらくクレジットカードが使えます。
- ドアはこのカードキーで開けてください。
- 父はおので木を切り倒します。
- 私たちはスマートフォンで写真を撮りました。
- 私は箸で食べることができません。

48 前置詞⑨ 時間表現としてのbyとuntilの使い分け

Step2 - 95
Step3 - 96

Step 1

時間を表す前置詞としてbyを用いると、no later than~、つまり「~までに」という意味を表します。いわば期限、締め切りを示す表現で、"You should submit your assignment by next Friday."(次の金曜までに宿題を提出してください)と言われたら、別にその締め切り以前の水曜日や木曜日に提出しても構いません。

それに対して、untilはある時点までずっと何かが続いている(いた)場合に用います。"You need to study English until 5 o'clock."(5時までずっと英語を勉強しなければならない)と言われたら、5時より早く終わることはできません。

「までに」のby、「までずっと」のuntilと区別しておきましょう。

Step 2

1. We have to reach the station **by** 7:45.
2. I'll be home **by** 4:30.
3. I have to finish this job **by** 4:00 p.m.
4. **By** Tuesday, we will be in Austria.
5. Let's work **until** 2:00, okay?
6. I'll be at home **until** 4:30.
7. Jenny will be away **until** Wednesday.

Step 3

1. We have to finish this job **by** noon.
2. We'll be home **by** 6:00 at the latest.
3. I have to finish cooking **by** 5:00.
4. **By** Monday, we will be in Japan.
5. Let's work **until** 3:00, okay?
6. I'll be at home **until** lunchtime.
7. Jenny will be away **until** Sunday.

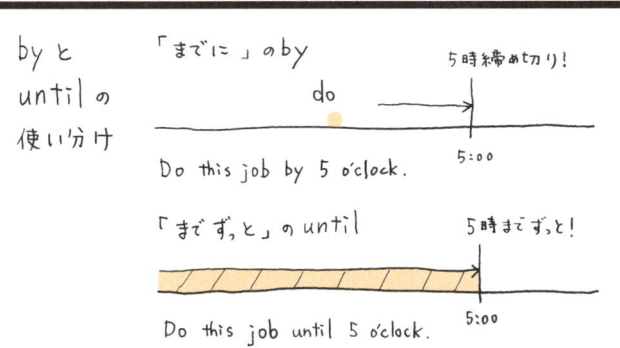

Round 1 □	Round 2 □	Round 3 □	Round 4 □	Round 5 □	Round 6 □
月　　日	月　　日	月　　日	月　　日	月　　日	月　　日

byと
untilの
使い分け

「までに」のby

do ──────→ 5時締め切り!
　　　　　　5:00

Do this job by 5 o'clock.

「までずっと」のuntil

▰▰▰▰▰▰→ 5時までずっと!
　　　　　　5:00

Do this job until 5 o'clock.

▶ 私たちは7時45分までに駅に着かなくてはいけません。

▶ 4時半までには帰宅します。

▶ 午後4時までにこの仕事を終えなくてはいけません。

▶ 私たちは火曜日にはオーストリアにいるでしょう。《さまざまな国を旅して火曜日にはオーストリアにいるという意味》

▶ 2時まで仕事をしよう、いい?

▶ 4時半まではうちにいます。

▶ ジェニーは水曜日までいません。

▶ 私たちは正午までにこの仕事を終えなくてはいけません。

▶ 私たちは遅くても6時までには帰宅しているでしょう。

▶ 5時までに料理を終えなくてはいけません。

▶ 私たちは月曜日には日本にいるでしょう。

▶ 3時まで仕事をしよう、いい?

▶ 昼食の時間まではうちにいます。

▶ ジェニーは日曜日までいません。

49 前置詞⑩ 動きを示す前置詞

Step2 - 97
Step3 - 98

through「〜を通って、抜けて」
across「〜を横切って、渡って」
over「〜を越えて」
around「〜を回って」

Step 1
などの前置詞は、何かが動く、その軌道を示しています。また実際に何かモノが動いていなくとも、look over the papers「書類に目を通す」というように、視線を動かしてモノを見るような場合にも、用いられます。もちろんこのほかにも様々な意味、用法がありますので、下の例をはじめとして実際の用例から学ぶ必要がありますが、大まかに右のイメージを覚えておけば使いやすくなります。

Step 2

1. I walked through the park to work.
2. We had to work through the weekend.
3. There's a mailbox across the street.
4. Shall we go across the road?
5. Don't climb over the fence!
6. He must be over 50.
7. I'd like to travel around southern France.

Step 3

1. We walked through the mall to work.
2. She had to work through the weekend.
3. There's a tea shop across the street.
4. Shall we row across the lake?
5. Don't walk over that risky bridge!
6. I'm sure he is over 50.
7. I'd like to tour around southern Japan.

Round 1 ☐	Round 2 ☐	Round 3 ☐	Round 4 ☐	Round 5 ☐	Round 6 ☐
月　　日	月　　日	月　　日	月　　日	月・　日	月　　日

動きを示す前置詞　through, across, over, around

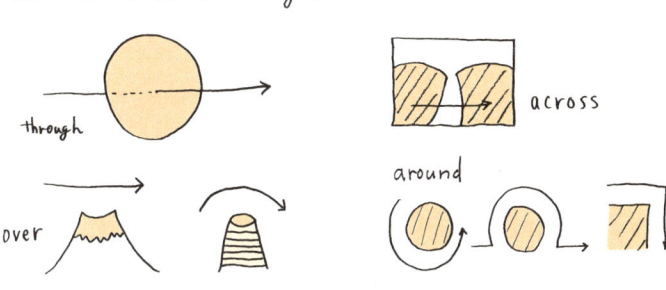

- 公園を通り抜けて職場に行きました。

- 私たちは週末はずっと働かなくてはいけませんでした。

- 通りの反対側にポストがあります。

- 道を渡りましょう。

- フェンスを乗り越えないで！

- 彼は50歳以上に違いありません。

- 南フランスを旅したいです。

- 私たちはショッピングモールを通り抜けて職場に行きました。

- 彼女は週末はずっと働かなくてはいけませんでした。

- 通りの反対側に紅茶の店があります。

- 湖を船をこいで渡りましょう。

- その危険な橋を渡らないで！

- 彼は絶対に50歳以上だと思います。

- 日本の南部を旅したいです。

50 前置詞⑪ 紛らわしい例

Step 1

overとunder は「〜の上（のほう）に」「〜の下（のほう）に」という対照的な意味で使われますが、over the bridgeといっても、under the bridgeといっても、bridgeとは接触しておらず、その間には何らかの隙間、空間があることに注意してください。

in front ofとin the front of では意味が異なります。He sat in the front of the bus.ならば「バスの中、前のほうに座っていた」という意味になりますが、He sat in front of the bus.というと、「バスの車体の前に（バスの外に）座っていた」ことになってしまいます。

同じことがin back of とin the back of にもあてはまります。

Step 2

1. Hang the poster **over** the bed.
2. The dentist's office is **over** the barber shop.
3. The cat is hiding **under** the sofa.
4. Cars were lined up **in back of** the bus.
5. The kitchen is **in the back of** our house.
6. Don't walk **in front of** the bus!
7. Let's sit **in the front of** the bus.

Step 3

1. We put the painting **over** the sofa.
2. My favorite boutique is **over** that restaurant.
3. We took photos **under** the Eiffel Tower.
4. People were lined up **in back of** the bus.
5. The register is **in the back of** the shop.
6. Don't walk **in back of** that bus!
7. Let's sit **in the back of** the bus.

Round 1 ☐	Round 2 ☐	Round 3 ☐	Round 4 ☐	Round 5 ☐	Round 6 ☐
月　日	月　日	月　日	月　日	月　日	月　日

in front of と in the front of

→ in the front of the bus

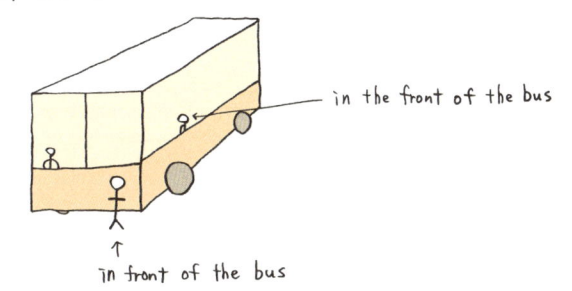

↑ in front of the bus

- ベッドの上にポスターを貼って。
- 歯科医院は理髪店の上にあります。
- 猫がソファの下に隠れています。
- 車がバスの後ろに並んでいます。
- キッチンは我が家の奥にあります。
- バスの前を歩かないで！
- バスの前のほうの席に座りましょう。

- 私たちはソファの上に絵をかけました。
- 私の好きなブティックはあのレストランの上にあります。
- 私たちはエッフェル塔の下で写真を撮りました。
- 人々がバスの後ろに並んでいます。
- レジは店内の奥にあります。
- バスの後ろを歩かないで！
- バスの後ろのほうの席に座りましょう。

51 -edで終わる形容詞と -ingで終わる形容詞

Step2 - 101
Step3 - 102

Step 1

interested とinterestingはinterestという語にそれぞれ-edと-ingをつけてできた形容詞ですが、その意味と用法は異なります。
"Mariko was interested." といえば、まり子自身が何かに興味を持っていることになりますが、"Mariko was interesting." といえば、他人から見てまり子が興味深い存在だ、ということになります。
退屈してI'm bored.と言うつもりがI'm boring.「私は退屈な人間だ」と間違えて言ってしまった、というのはよく聞く話です。
-edと-ingを使い分ける必要がある形容詞は、ほぼ感情表現です。主なものを右にまとめました。

Step 2

1. The excursion was very interesting.
2. I was interested in the special exhibition.
3. My husband surprised me with a ring.
4. She was surprised by her promotion.
5. His presentation was quite boring.
6. We were bored by his old jokes.
7. The news of the accident was shocking.

Step 3

1. The exhibition was very interesting.
2. I was interested in the special excursion.
3. My wife surprised me with a sweater.
4. We were surprised by her promotion.
5. Her presentations are quite boring.
6. She was bored by his old jokes.
7. The news of the crash was shocking.

Round 1 ☐	Round 2 ☐	Round 3 ☐	Round 4 ☐	Round 5 ☐	Round 6 ☐
月　日	月　日	月　日	月　日	月　日	月　日

−ed形と−ing形の感情の形容詞

interested	（興味を持った）	interesting	（興味深い）
surprised	（驚いた）	surprising	（驚くような）
bored	（退屈に思う）	boring	（退屈な）
shocked	（衝撃を受けた）	shocking	（衝撃的な）
excited	（興奮した）	exciting	（興奮させる）
satisfied	（満足した）	satisfying	（満足させる）

▸ 旅行はすごく面白かったです。

▸ 特別展示に興味がありました。

▸ 夫が指輪をくれたので驚きました。

▸ 彼女は自分の昇進に驚きました。

▸ 彼のプレゼンはひどく退屈でした。

▸ 私たちは彼のいつものジョークにうんざりしました。

▸ 事故のニュースにぞっとしました。

▸ 展示会はすごく面白かったです。

▸ 特別旅行に興味がありました。

▸ 妻がセーターをくれたので驚きました。

▸ 私たちは彼女が昇進したことに驚きました。

▸ 彼女のプレゼンはひどく退屈でした。

▸ 彼女は彼のいつものジョークにうんざりしました。

▸ 墜落事故のニュースにぞっとしました。

52 形容詞の比較級

Step2 - 103
Step3 - 104

形容詞を比較級（「より高い」「より重い」「より少ない」など）の形にするには2つの方法があります。

1つは語尾に-erをつける方法（語尾がyの場合のみ、yをiに変えて-erをつけます）。もう1つは形容詞の前に"more"（もしくは"less"）をつける方法です。一般に形容詞が1音節の場合は-erをつけ、3音節以上のときには"more""less"をつけます。2音節の場合はどちらの方法をとっても構いません。

「〜より（大きい）」など比較の対象となるものの前にはthanをつけますが、文脈などから分かる場合は、比較の対象が省略される場合もあることに注意して下さい。

Step 1

Step 2

1. My father is **older than** my boss.
2. We need a **newer** computer system.
3. I've decided to get up **earlier**.
4. Tokyo is **more** expensive **than** Kyoto.
5. I'm **more** careful of my health recently.
6. William is **less** strict **than** Jerry.
7. Our new car uses **less** gas.

Step 3

1. My husband is **older than** I am.
2. Our company has a **newer** computer system.
3. I've finally begun getting up **earlier**.
4. Tokyo is **more** crowded **than** Kyoto.
5. I'm **more** careful of my diet recently.
6. My father is **less** strict **than** my mother.
7. Our new refrigerator uses **less** electricity.

Round 1 ☐	Round 2 ☐	Round 3 ☐	Round 4 ☐	Round 5 ☐	Round 6 ☐
月　日	月　日	月　日	月　日	月　日	月　日

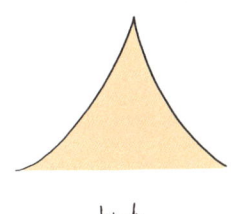

形容詞の比較級

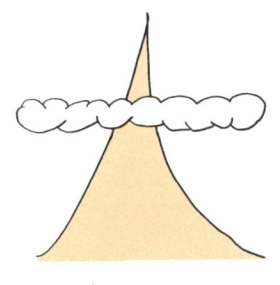

high　　　　　　higher

- 父は上司より年上です。
- より新しいコンピューターのシステムが必要です。
- 早起きすることにしました。
- 東京は京都より物価が高いです。
- 最近は以前よりも健康に気をつけるようになりました。
- ウイリアムはジェリーほど厳しくありません。
- 私たちの新車はガソリンの使用量が少ないです。

- 夫は私より年上です。
- わが社のコンピューターシステムは前より新しいです。
- ついに早起きをするようになりました。
- 東京は京都より人が多いです。
- 最近は以前よりも食事に気をつけるようになりました。
- 父は母ほど厳しくありません。
- 私たちの新しい冷蔵庫は電気の使用量が少ないです。

53 3つ以上のものを比較する 形容詞（最上級）

Step2 - 105
Step3 - 106

単純に2つのものを比較するのではなく、3つ以上のものを比べ、その中で「最も高い」「最も重い」「最も少ない」などを示す場合（最上級）、形容詞が短ければ語尾に-estをつけ、長くなれば前に"the most"（あるいは"the least"）をつけます。

Step 1
ただし下の例文3の Their oldest sonのように、所有格などによって定冠詞theが置き換えられる場合があります。また例文2のように、secondなど順位を示す語（序数詞）をtheの後ろにつければ、「〜番目に高い」などと表現することもできます。

Step 2

1. That's the biggest bank in town.
2. The second highest mountain is K2.
3. Their oldest son is married.
4. Where is the nearest pharmacy?
5. The cheapest flights are in March.
6. Haneda is the most convenient airport.
7. The least exciting member is Jim.

Step 3

1. It's the largest bank in the city.
2. The second biggest city is Los Angeles.
3. My oldest daughter isn't married yet.
4. Where is the nearest drug store?
5. The cheapest tours are in November.
6. Shinjuku is the most convenient station.
7. The least confusing section is Part 4.

Round 1 ☐	Round 2 ☐	Round 3 ☐	Round 4 ☐	Round 5 ☐	Round 6 ☐
月　日	月　日	月　日	月　日	月　日	月　日

3つ以上のものを比較する場合（最上級）

highest

- あれは町で一番大きい銀行です。
- 世界で２番目に高い山はK２です。
- 彼らの長男は結婚しています。
- 一番近い薬局はどこですか？
- 飛行機の便が一番安いのは３月です。
- 羽田は一番便利な空港です。
- 一番さめているのはジムです。

- それは町で一番大きい銀行です。
- ２番目に大きい都市はロサンゼルスです。
- 私の長女はまだ独身です。
- 一番近い薬局はどこですか？
- ツアーが一番安いのは１１月です。
- 新宿は一番便利な駅です。
- 一番ややこしくないセクションはパート４です。

54 形容詞と副詞

Step 1

形容詞が名詞をもっぱら修飾するのに対して、副詞は、動詞や形容詞、他の副詞を修飾します。
たとえば副詞は、「どのように」その行為や動作を行ったかを伝えます。「速い（足取り）」を「速く（歩く）」に変えるように形容詞を副詞に変えるには、ほとんどの場合形容詞の語尾に –ly を加えるだけで済みます。
副詞が、動詞ではなく形容詞や他の副詞を修飾する例として非常に一般的なものにveryがあります。"Jim is very tall." (ジムはとても背が高い) の場合は形容詞tallを、"Ken did his homework very quickly." (ケンはとても急いで宿題をかたづけました) の場合は、副詞quicklyを副詞veryがそれぞれ修飾しているわけです。

Step 2

1. Please fill in the form carefully.
2. Sara suddenly moved to Beijing.
3. He was badly hurt in the accident.
4. Alan finished the job quickly.
5. The snow started falling suddenly.
6. I was waiting nervously for my appointment.
7. I did poorly in the job interview.

Step 3

1. Please read the details carefully.
2. Sara quickly adapted to Beijing.
3. No one was badly hurt in the accident.
4. Amy completed the job quickly.
5. The rain let up suddenly.
6. I waited nervously for my date.
7. I did well in the job interview.

Round 1 ☐	Round 2 ☐	Round 3 ☐	Round 4 ☐	Round 5 ☐	Round 6 ☐
月　　日	月　　日	月　　日	月　　日	月　　日	月　　日

形容詞と副詞

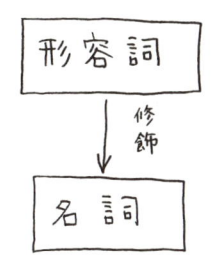

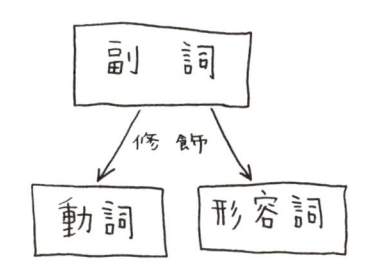

形容詞 →(修飾) 名詞

副詞 →(修飾) 動詞 / 形容詞

- 必要事項を丁寧に記入してください。
- サラは急に北京に引っ越しました。
- 彼は事故で重傷を負いました。
- アランは急いで仕事を終えました。
- 急に雪が降り始めました。
- そわそわしながら約束を待っていました。
- 就職の面接はうまくいきませんでした。

- 詳細を丁寧にお読みください。
- サラはすぐに北京になじみました。
- その事故で重傷者は出ませんでした。
- エイミーは急いで仕事を終えました。
- 急に雨がやみました。
- そわそわしながらデートを待ちました。
- 就職の面接はうまくいきました。

55 「させる」という表現 let、make、have の使い分け

Step2-109
Step3-110

have/let/make＋人＋動詞の原形という形で「人に〜させる」という使役の意味を表すことができますが、これらはそれぞれ微妙に意味合いが異なります。

まずhaveを用いる場合は、相手の意思に反して「(無理やり)〜させる」のでも相手の意向に合わせて「(許して)やりたいようにやらせる」という意味でもなく、その行為がごく当たり前のこととして日常生活の中で行われている場合に用いられます。たとえば学校の教師が生徒に宿題を出すのはごく当然なことですから、教師が宿題を「やらせる」ような場合はこのhaveを用います(下の例を参照してください)。しかし、もしその宿題が度を越して大変な場合は、生徒はそこに強制を感じて"He made us

Step 1

Step 2

1. The teacher **has** her students do homework.
2. Our supervisor **had** us work late on Friday.
3. I'll **have** him call you back.
4. The professor **let** the students leave early.
5. We **let** her study art in Paris.
6. Mr. Smith didn't **make** us work late.
7. Mother **made** me clean my room.

Step 3

1. The teacher **had** students work together.
2. Our boss **had** us work extra hard.
3. I'll **have** him return your call.
4. The professor **let** us go home early.
5. They **let** me study abroad for one year.
6. Mr. Smith didn't **make** us work hard.
7. Mother **made** me do my homework first.

Round 1 ☐	Round 2 ☐	Round 3 ☐	Round 4 ☐	Round 5 ☐	Round 6 ☐
月　　日	月　　日	月　　日	月　　日	月　　日	月　　日

do extra homework." と表現することでしょう。haveかmakeか、どちらを選ぶかはそれを話す人間が個々の状況をどのように評価・判断するかによります。

letを使う場合は、同じ「させる」でも、本来相手がやりたがっていることに「許可を与える」「やらせてあげる」という意味合いになります。

先にもあげましたが、これがmakeになると、嫌がる相手に対して強制的に「やらせる」という意味合いになります。同じ「させる」でも、その行為を「させる相手」がどのように思っているかで、用いる表現も異なることになるのです。

▶ 教師は生徒たちに宿題をさせます。

▶ 主任は私たちに金曜日に残業させました。

▶ 彼に電話をかけ直させます。《ビジネス》

▶ 教授は学生たちを早く帰らせてくれました。

▶ 私たちは彼女にパリで美術を学ばせました。

▶ 私たちはスミスさんに残業させられませんでした。

▶ 母に言われ部屋を掃除させられました。

▶ 教師は生徒たちに協力して作業させました。

▶ 上司は私たちを一生懸命に取り組ませました。

▶ 彼に電話をかけ直させます。《ビジネス》

▶ 教授は私たちを早く帰らせてくれました。

▶ 彼らは1年間、留学させてくれました。

▶ 私たちはスミスさんにこき使われませんでした。

▶ 母に言われ先に宿題をやらされました。

毎日の急所

4 主要不規則動詞 一覧

Column

意味	原型	過去形	過去分詞
〜です、である	be (am, is, are)	was (were)	been
〜になる	become	became	become
買う	buy	bought	bought
選ぶ	choose	chose	chosen
来る	come	came	come
する	do (does)	did	done
食べる	eat	ate	eaten
感じる	feel	felt	felt
得る	get	got	got (gotten)
与える	give	gave	given
行く	go	went	gone
持っている	have (has)	had	had
聞く	hear	heard	heard
保つ	keep	kept	kept
知っている	know	knew	known
去る	leave	left	left
作る	make	made	made
意味する	mean	meant	meant
会う	meet	met	met
支払う	pay	paid	paid
言う	say	said	said
見る	see	saw	seen
売る	sell	sold	sold
すわる	sit	sat	sat
話す	speak	spoke	spoken
話す	tell	told	told
思う、考える	think	thought	thought
理解する	understand	understood	understood
身につける	wear	wore	worn
書く	write	wrote	written

その他の時制表現

ここまで本書で扱わなかった時制表現を紹介します。これで、すべての時制表現をカバーしたことになります。

ただ、これから出てくる時制の表現は、はじめに覚えるべき項目ではありません。理由は簡単です。使用頻度が低いからです。日本では、中学・高校の教科書で教えられ、受験英語の問題にはよく登場しますが、実践英会話をしようとするときの優先重要度は高くありません。

使用頻度が低いことに加えて、難しいことも理由の1つです。本書に収められたここまでの「文法」は、必須のものでしっかりと身につけるべき項目です。ですから、頭で理解するだけでなく、目も耳も口も使って体に染み込むほど覚え込まなくてはなりません。つまり、頻度の高い基本の文法を身につける前に、難しい文法を覚えようとして、基本がぐらつくことが一番避けるべきことなのです。

ですから、「話すための英文法」の習得を目標とする本書では、巻末に配し、余力があれば取り組んでいただく構成にしております。

01 現在完了形 ①

Step2 - 111

現在完了形は、「過去から（話している）現在まで続いている時間」の出来事や行為について述べるときに用いる時制です。ただし、話し手の関心はもっぱら現在に置かれていると考えてください。現在について述べるときに、それが過去の出来事の「結果」であるとか、過去にある行為を済ませてしまって「いる」とか、過去からずっと続けてきて「今」にいたっているとか、現在を語るときに過去との関係において語ろうとする場合にこの形は用いられます。過去形が過去のある特定の時点や期間のこと「しか」述べない（現在がどうかは「関係ない」）点と対比させて覚えると良いでしょう。

Step 1

現在完了形

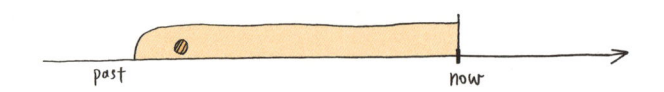

past ———————————— now

Step 2

1. I have already contacted my friend.
▶ 私は友達にもう連絡しました。

2. We have arranged a meeting place.
▶ 私たちは会う場所を決めました。

3. I haven't made a reservation.
▶ まだ予約していません。（「予約をするのを忘れていたがこれからするつもり」というニュアンスを表します）

4. Have you finished your work for today?
▶ 今日の仕事は終わったのですか？

02 現在完了形 ②

Step2 - 112

現在完了形の文では、しばしばalready（「私やあなたが予想したよりも前に、すでに」）やjust（「つい今しがた」）、そしてyet（「今までに」）などという語が用いられます。これらはすべて時間関係を伝える言葉（副詞）です。ただしyetの場合は疑問文と否定文でのみ用いられ、疑問文では「もう〜しましたか？」、否定文では「まだ〜していません」という意味になります。

Step 1

否定や疑問の現在完了形

Step 2

1 Mr. Wilson has already left the office.

▶ ウィルソンさんはすでに帰社しました。

2 We have just rehearsed our presentation twice.

▶ プレゼンのリハーサルをちょうど2回したところです。

3 Have you met the new assistant yet?

▶ 今度のアシスタントにはもう会いましたか？

4 I haven't packed my suitcase yet.

▶ まだスーツケースに荷物を詰めていません。

03 現在完了形 ③

Have you ever〜? という現在完了形の疑問文は、相手が生まれてから今までに何かをしたことがあるかどうか、「経験の有無」を尋ねるとき用いられます。everは省略も可能ですが、everをつけることで質問の意図がより明確に伝わります。Have you ever 〜?を1つの言い回しとして覚えておくと便利です。
例文の3と4は、現在までにある結果が得られているかどうかを尋ねるものです。

Step 1

経験の有無を聞く

Have you ...?

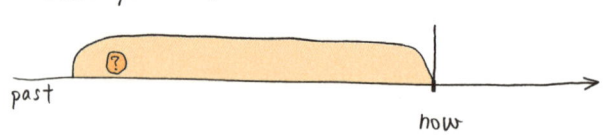

past — now

Step 2

1 Have you ever travelled to Europe?
▶ ヨーロッパに行ったことはありますか?

2 Have you ever attended an opera?
▶ オペラを聴きに行ったことはありますか?

3 Have they responded to our proposal?
▶ 彼らは私たちの提案に反応しましたか?

4 Have we forgotten anything?
▶ 何か忘れているものはありませんか?

04 現在完了進行形
have +been+-ing

Step2 - 114

現在完了形は、「過去から現在まで続いている時間」に起きた出来事について、現在に及ぼした影響や結果を述べるときに用いられます。従ってその出来事は1回起きただけでも構いません。それに対して現在完了進行形は、過去から現在までずっと続いていた、あるいは現在もまだ続いているような出来事について述べるときに用います。現在完了形では話し手の関心はあくまで現在にありますが、現在完了進行形を使う場合、話し手の関心は過去から現在まで続いている出来事や行為の「連続性」に向けられており、その出来事がどのくらい長く続いているか、ということを伝えたり、「これまでひとときもそれが途切れることがなかった」という点を強調したい場合に用いられます。

Step 1

現在完了進行形

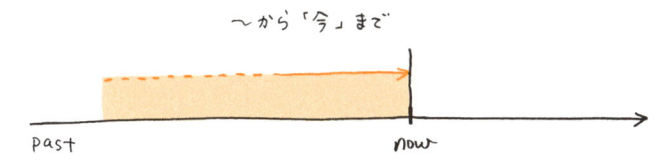

〜から「今」まで

past　　　　　now

Step 2

❶ I've been studying English for ten years.
▶ 私は10年間英語を勉強しています。

❷ I've been looking forward to meeting you.
▶ お会いするのを楽しみにしています。

❸ Recently our company has been growing quickly.
▶ 最近、我が社は急速に成長しています。

❹ How long have you been practicing karate?
▶ 空手をやり始めてどれくらいになりますか？

05 過去完了形
had + 動詞の過去分詞（doならばdoneにあたる形）

Step2 - 115

Step 1

ある出来事について過去形で話すとしましょう。その場合、過去のある時点を話の出発点とするはずです。過去完了形は、その「出発点」よりも前に起きたことをさかのぼって話すときに使われます。たとえば、友達に最近スカイツリーに行ったことを話す場合を考えてみましょう。あなたは話の出発点をスカイツリーに着いた時点に置いて過去形で話し始めたのですが、そのうちスカイツリーに着く「以前」のことを話す必要が出てきました。このとき過去形で話すと、聞き手はそれが「さらにさかのぼって」の話であることがわかりません。過去完了形(had+動詞の過去分詞)は、それが話の出発点よりも前であることを示すために用いられます。以下の例文は、このスカイツリーを訪れる設定に従って、過去完了形を使う例を示したものです。

過去進行形

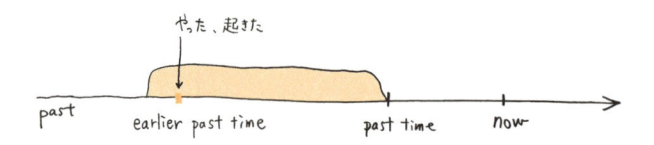

やった、起きた

past ── earlier past time ── past time ── now

Step 2

1 I had bought tickets the day before.
▶ 私は前日にチケットを買っていました。

2 I had invited friends to go with me.
▶ 私は一緒に行く友達を誘っていました。

3 We had just arrived when lightning struck.
▶ ちょうど到着したときに雷が落ちました。

4 My friends had arrived before I did.
▶ 友達は私より先に到着していました。

06 過去完了進行形
had+been+-ing

Step 1

前述の「今から時間」と「そのときから時間」を思い出してください (56-59ページ)。前項の過去完了形は、過去のある1点を基準とし「それから」過去のことを話すために使われます。対して、過去のある1点以前から「そのとき」まで続いていることを表すには過去完了進行形を用います。たとえば、「昨日私たちは山にハイキングに行ったが、歩き始めて1時間もすると雨が降り始めた」という場合、ハイキングを始めた時点を話の出発点にするなら、"Yesterday we went hiking in the mountains, and an hour after we began, it started to rain." とすべて過去形で順番に述べればOKですが、「雨が降り始めた」ときを「そのとき」として述べるなら、"We had been hiking for an hour when it started to rain."「雨が降り始めたときには、もう1時間も歩いていた」と過去完了進行形で表現します。

過去完了進行形

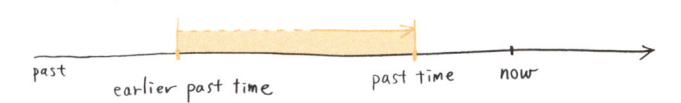

「過去のその時」までしていたこと

past —— earlier past time —— past time —— now

Step 2

1 How long had you been waiting?
▶ それまでどのくらい待っていたのですか?

2 I'd been waiting about three hours.
▶ 約3時間待っていました。

3 I had been feeling ill since morning. (So I went to a clinic.)
▶ 午前中から気分が悪かったです。(それで診療所に行きました。)

4 I had been studying English in Japan before going to America.
▶ アメリカに行く前に日本で英語をずっと勉強していました。

07 未来完了形
will+have+動詞の過去分詞

Step2 - 117

前節で述べたように、「そのときから時間」ではどこの時点を基準として話すのか、ということによって用いる時制が異なってきます。そしてこの基準点は過去だけに限らず、未来に置くこともできます。

たとえば現在午前11時だとしましょう。あなたは、今自分がやっている仕事が午後6時には片づくだろうと思います。その予想を伝えるためには、未来完了形を使って "By 6:00 I will have finished that job." と表現します。この場合基準点は未来のある時点（午後6時）なのでwillを用い、さらにそのときまでには済んでしまっているだろうということなので、have+過去分詞という完了形を加えているわけです。

Step 1

未来完了形

「未来のその時」までのこと

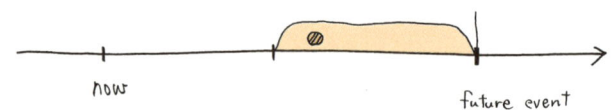

now ──────────── future event

Step 2

① The movie will have started when we get there.
[すでに7時になっており、7時15分に映画が始まる映画館に向かって車を運転しているような状態です]

▶ 私たちがそこに着くときには映画は始まっているでしょう。

② I will have learned basic English grammar.
[本書を読み終えたときの自分を思い浮かべてください]

▶ 私は英語の文法の基礎知識を身につけているでしょう。

③ I will have visited four countries.
[観光旅行に出かけるときに、その旅が終わるときのことを思い浮かべてください]

▶ 私は4カ国を訪れているでしょう。

08 未来進行形
will+be+-ing

Step2 - 118

現在進行形は「話している今、起きている」ことを述べるのに用いられました。この場合基準点は「話している今」です。この基準点を未来のある時点に置くこともできます。たとえば、「今から1時間後」を想定します。その時点であなたは何をしているでしょうか。それを述べるためには未来進行形を用います。

たとえば "I will be walking toward the subway."「地下鉄の駅に歩いて向かっているところだろう」とか、"I will be having a lunch with a friend."「友達と昼食をとっているだろう」と表現すれば良いわけです。

これは単純な未来形（"I will eat lunch."「昼食を食べよう」とか "I'm going to each lunch."「昼食をとるつもりだ」）とは意味合いが違います。

Step 1
未来進行形の場合は、あくまで未来のある時点であなたが「何をしている最中」なのか、という点を述べるものです。

未来進行形

「未来のその時」の状態.

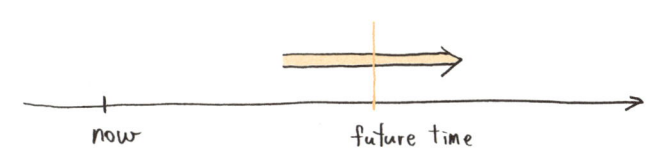

now　　　future time

Step 2

1 I'll be eating dinner in two hours.
▶ 2時間後には夕食を食べているでしょう。

2 I'll be traveling in Europe next July.
▶ 今度の7月にはヨーロッパを旅行しているでしょう。

3 Soon I'll be looking for another job.
▶ すぐに別の仕事を探すことにします。

4 This flight will be arriving in 10 minutes.
▶ 当飛行機は10分後に着陸します。

09 未来完了進行形
will+have+been+-ing

Step 1

完了形であれ進行形であれ、適切な「時制 (時間表現)」を用いるためには、話の基準点をどこに置いているのかが非常に重要です。といいますか、時間の基準点がなければ本当は文をつくることもできないのです。
現在でも過去でも「完了進行形」がありましたが、当然のことながら話の基準点を「未来のある時点」に置けば「未来完了進行形」という表現も可能になります。たとえば日本語でも「来年の4月でこの会社にも勤続30年になる」という言い方をしますが、これはある未来の時点を想定し、そこから自分の継続してきた行為を振り返って述べていることになります。
このような場合、英語では未来完了進行形を用いて "I will have been working for this company for 30 years in April next year." と表現します。

未来完了進行形

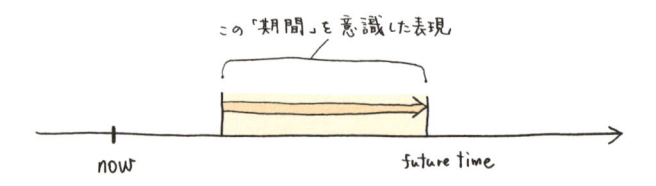

この「期間」を意識した表現

now — future time

Step 2

1. Tomorrow I will have been traveling a week.
▶ 明日で1週間旅行していることになります。

2. In April, we will have been skiing for 5 months.
▶ 4月で私たちは5カ月スキーをしていることになります。

3. In 2016 I will have been studying English for 12 years.
▶ 2016年で12年間英語を勉強していることになります。

4. At the end of this year, I will have been working 20 years.
▶ 今年の終わりで私は20年働いていることになります。

著者紹介

James M. Vardaman　ジェームス・M・バーダマン

1947年、アメリカ、テネシー生まれ。ハワイ大学アジア研究専攻、修士。早稲田大学文化構想学部教授。著書に『アメリカ黒人の歴史』『ロックを生んだアメリカ南部 ルーツミュージックの文化的背景』(以上、NHKブックス)『アメリカの小学生が学ぶ歴史教科書』(ジャパンブック)、『アメリカ南部』(講談社)、『黒人差別とアメリカ公民権運動』(集英社新書)など多数ある。

安藤 文人　あんどう・ふみひと　[解説]

1957年、岐阜県岐阜市生まれ。早稲田大学大学院文学研究科英文学専攻博士後期課程単位取得満期退学。早稲田大学文化構想学部教授。著書に『院単－大学院入試のための必須英単語』(ナツメ社)がある。

毎日の英文法
頭の中に「英語のパターン」をつくる

2012年9月30日　第1刷発行
2018年1月10日　第22刷発行

著者　James M. Vardaman　安藤文人
装丁・ブックデザイン　寄藤文平＋杉山健太郎（文平銀座）
発行者　友澤和子
発行所　朝日新聞出版
　　　　〒104-8011　東京都中央区築地5-3-2
電話　　03-5541-8814（編集）
　　　　03-5540-7793（販売）
印刷所　大日本印刷株式会社
© 2012 James M. Vardaman, Fumihito Ando
Published in Japan by Asahi Shimbun Publications Inc.
ISBN 978-4-02-331099-5
定価はカバーに表示してあります。
本書掲載の文章・図版の無断複製・転載を禁じます。
落丁・乱丁の場合は弊社業務部（電話 03-5540-7800）へご連絡ください。
送料弊社負担にてお取り替えいたします。

each

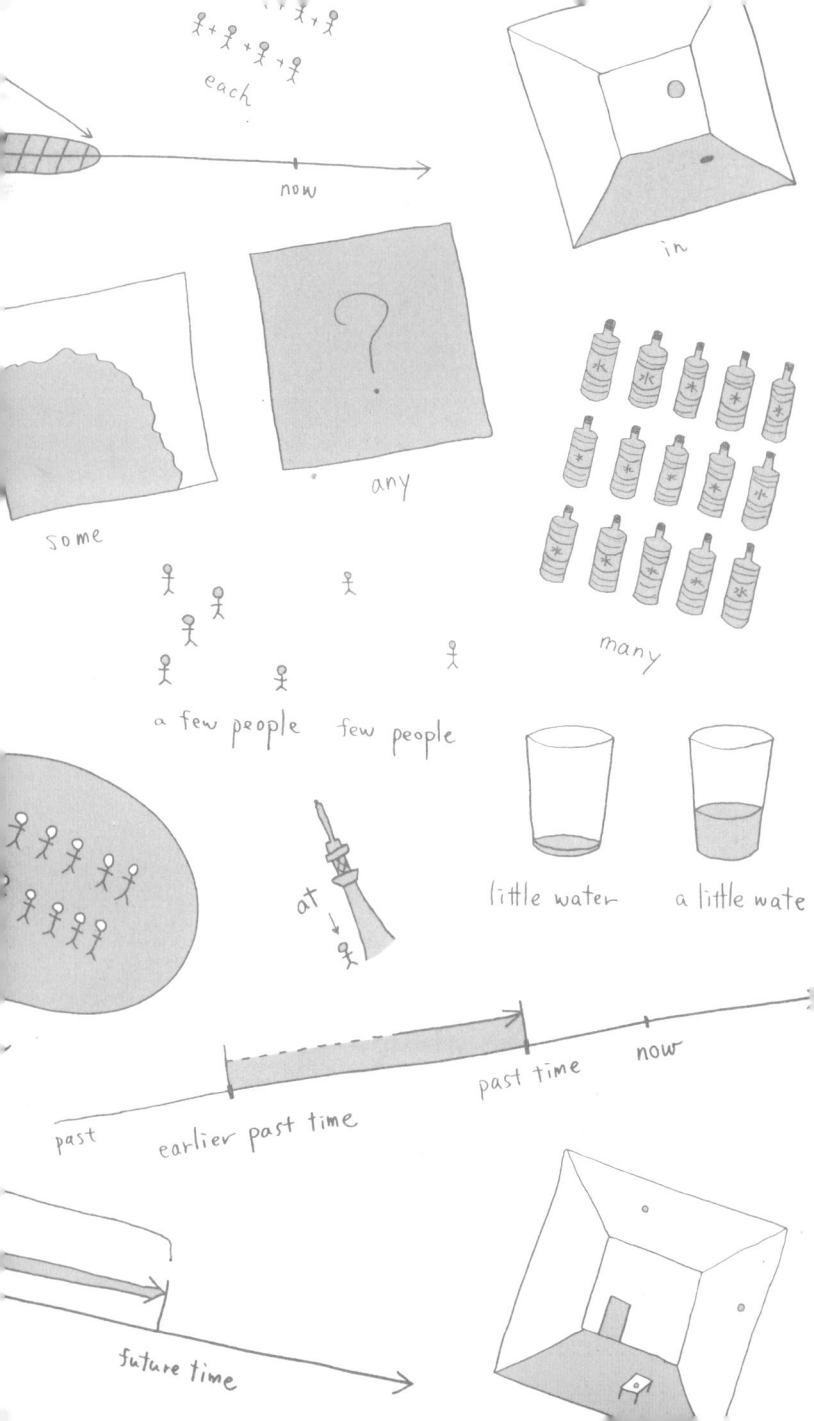

now

in

some

any

many

a few people   few people

at

little water   a little water

past   earlier past time   past time   now

future time